*Gewinnen mit
Gold und Silber*

Rechtlicher Hinweis

Die in diesem Buch dargestellten Aussagen, Thesen, Prognosen und Empfehlungen wurden vom Autor nach bestem Wissen und Gewissen recherchiert und verfaßt. Eine Haftung, gleich welcher Art und welchen Umfanges, die aus diesen Inhalten abgeleitet werden könnte, wird ausdrücklich ausgeschlossen.

1. Auflage Juli 2007

Copyright © 2007
bei Jochen Kopp Verlag, Pfeiferstraße 52, D-72108 Rottenburg
Alle Rechte vorbehalten.

Umschlaggestaltung: Angewandte Grafik Peter Hofstätter, München
Satz, Layout und Lektorat: Bürodienstleistungen Rauch, Rosenfeld
Druck und Bindung: GGP Media GmbH, Pößneck

ISBN 978-3-938516-48-5

Gerne senden wir Ihnen unser Verlagsverzeichnis:
KOPP VERLAG
Pfeiferstraße 52
D-72108 Rottenburg
E-mail info@kopp-verlag.de
Tel. (0 74 72) 98 06 0
Fax (0 74 72) 98 06 11

Unser Buchprogramm finden Sie auch im Internet unter
www.kopp-verlag.de

Jürgen Müller

Gewinnen mit Gold und Silber

JOCHEN KOPP VERLAG

Inhaltsverzeichnis

	Vorwort	**9**
Teil 1	**Warum Gold, warum Silber?**	**11**
	Einleitung	13
1. Kapitel	Geld damals – Geld heute	15
2. Kapitel	Problem Zins	19
3. Kapitel	Problem Inflation	29
4. Kapitel	Angebot und Nachfrage nach Gold und Silber	35
5. Kapitel	Geologische Endlichkeit der Edelmetalle	41
6. Kapitel	Preismanipulationen	45
7. Kapitel	Geringe Marktkapitalisierungen von Gold und Silber	51
8. Kapitel	Zusammenfassung des ersten Teils	55
	Quellenangaben	57
Teil 2	**Anlagekategorien**	**59**
9. Kapitel	Übersicht	61
10. Kapitel	Physisches Investment	62
10.1.	*Münzen*	*62*
10.1.1.	*Grundlagen*	*62*
10.1.2.	*Mehrwertsteuer auf Münzen*	*64*
10.1.3.	*Die Feinunze*	*65*
10.1.4.	*Aufgeld und Handelsspanne bei Münzen*	*66*
10.1.5.	*Reinheit von Münzen*	*68*
10.1.6.	*Vergleich Anlagemünzen mit Sammlermünzen*	*68*
10.1.7.	*Vor- und Nachteile von Münzen*	*69*
10.2.	*Barren*	*72*
10.2.1.	*Grundlagen*	*72*
10.2.2.	*Mehrwertsteuer auf Barren*	*75*
10.2.3.	*Aufgeld und Handelsspanne bei Barren*	*76*
10.2.4.	*Reinheit von Barren*	*80*
10.2.5.	*Barrenhersteller: »Good Delivery«-Listen*	*82*
10.2.6.	*Vor- und Nachteile von Barren*	*83*

10.3.		Bezugsquellen für Münzen und Barren	85
	10.3.1.	Kauf über Banken	86
	10.3.2.	Spezialisierte Fachhändler	88
	10.3.3.	Kauf über Präge- oder Scheideanstalten	90
	10.3.4.	Weitere Quellen	91
10.4.		Lagerung von Münzen und Barren	91
	10.4.1.	Verpackungen	91
	10.4.2.	Bankschließfach, Tresor oder doch vergraben?	93
10.5.		Schmuck und Kunst	97
11. Kapitel		Papiere mit voller physischer Hinterlegung	101
11.1.		Exchange Traded Funds	101
11.2.		Metallkonten	102
11.3.		Einkaufsgemeinschaften	105
12. Kapitel		Papiere mit teilweiser physischer Hinterlegung	109
12.1.		Aktienfonds	109
12.2.		Lebensversicherung mit Silberdeckung	110
13. Kapitel		Papiere ohne physische Hinterlegung (»Papiergold und -silber«)	113
13.1.		Zertifikate	114
13.2.		Optionen, Optionsscheine und Anleihen	120
14. Kapitel		Aktien	123
14.1.		Hebelwirkung auf die Metallpreise	123
14.2.		Absicherungsgeschäfte durch Vorwärtsverkäufe: Hedging	126
14.3.		Reserven und Ressourcen eines Unternehmens	129
14.4.		Weitere Entscheidungskriterien	131
14.5.		Explorer, Juniors und Seniors	132
14.6.		Geographische und politische Risiken	133
14.7.		Liste der größten Gold- und Silberproduzenten	134
15. Kapitel		Aktienfonds	137
15.1.		Reine Edelmetallfonds	137
15.2.		Rohstofffonds mit Edelmetallanteilen	142
16. Kapitel		Digitales Gold-Geld	145
16.1.		Digitale Goldwährungen als Investment	145
16.2.		Weltweites zahlen und bezahlt werden	145
16.3.		Anonymität	147
16.4.		Geringe Transaktionskosten	148
16.5.		Market Maker	148
16.6.		Anbieter	149
16.7.		Weitere Quellen	150
17. Kapitel		Aufteilung eines Edelmetall-Investments	151
18. Kapitel		Zusammenfassung des zweiten Teils	155
		Quellenangaben	157

Teil 3	Gold- und Silbermünzen als Versicherung	161
19. Kapitel	Goldmünzen zur Kapitalanlage	163
19.1.	*Der südafrikanische Krügerrand*	*163*
19.2.	*Die britische Britannia*	*165*
19.3.	*Das Schweizer Vreneli*	*166*
19.4.	*Das australische Nugget / Känguruh*	*168*
19.5.	*Der kanadische Maple Leaf*	*169*
19.6.	*Der Wiener Philharmoniker*	*170*
19.7.	*Der American Eagle*	*171*
19.8.	*Weitere Gold-Kapitalanlagemünzen*	*173*
20. Kapitel	Silbermünzen zur Kapitalanlage	175
20.1.	*Der kanadische Maple Leaf*	*176*
20.2.	*Der American Eagle*	*177*
20.3.	*Der australische Kookaburra*	*178*
20.4.	*Weitere Silbermünzen*	*179*
21. Kapitel	Wieviele Münzen brauche ich?	181
22. Kapitel	Zusammenfassung des dritten Teils	185
	Quellenangaben	187

Teil 4	Informationsquellen	189
23. Kapitel	Bücher	191
23.1.	*Ferdinand Lips: »Die Gold-Verschwörung«*	*191*
23.2.	*Reinhard Deutsch: »Das Silberkomplott«*	*192*
23.3.	*G. Edward Griffin: »Die Kreatur von Jekyll Island«*	*194*
23.4.	*Roland Leuschel, Claus Vogt: »Das Greenspan Dossier«*	*195*
23.5.	*Bernard A. Lietaer: »Das Geld der Zukunft«*	*196*
23.6.	*Murray Newton Rothbard: »Das Schein-Geld-System«*	*197*
23.7.	*Weitere Buchempfehlungen*	*199*
24. Kapitel	Internet-Seiten	203
25. Kapitel	Newsletter, Börsenbriefe	209
26. Kapitel	Konferenzen und Messen	215

	Nachwort	**217**
	Quellenangaben	221

Danksagung **223**

Für meine Familie

und

Reinhard Deutsch
*Seinem Andenken und Wirken
ist dieses Buch gewidmet.*

Vorwort

In den letzten Jahren wurden bereits einige Bücher zum Thema Edelmetalle veröffentlicht, die die Frage behandelten, *warum* man in diese wichtige Anlageklasse investieren sollte. Nur sporadisch jedoch wurden von den Autoren die Fragen beantwortet, *welche konkreten Möglichkeiten* der Finanzmarkt bietet, um in Gold oder Silber zu investieren. Was nützen die Erkenntnisse um ausufernde Staatsverschuldungen, der mathematisch notwendigen Endlichkeit aller ungedeckten Papiergeldsysteme, Inflation, Demographie, Finanzgeschichte und der Geologie, wenn diese nicht auch sinnvoll angewendet und umgesetzt werden?

Mein Verleger Jochen Kopp fragte mich daher zu Beginn des Jahres 2007, ob ich nicht eine generelle Übersicht über den Edelmetallmarkt im deutschsprachigen Raum verfassen möchte, um das Grundwissen für eine Anlage kompakt zusammenzutragen. Und obwohl dieses Buch für den versierten Kenner der Materie nicht allzuviel neue Informationen bereithalten dürfte, so bin ich dennoch der Meinung, daß es gerade für Einsteiger eine wichtige und notwendige Zusammenfassung bieten kann, um Kauf- beziehungsweise Investitionsentscheidungen selbständig, sinnvoll und vor allem den eigenen Bedürfnissen entsprechend treffen zu können. Insofern ist das vorliegende Buch weniger als Expertise eines tieferen Fachwissens zu verstehen, als vielmehr ein Grundlagenwerk für jeden Normalinvestor, der sich bisher noch nicht über die Anlageklasse Edelmetalle informieren konnte.

In unserer heutigen Welt existieren so viel ungedecktes Papiergeld und so wenig Gold und Silber, daß die nachhaltige Sicherung und Steigerung ihrer Kaufkraft durch Edelmetalle nur eine Frage der Zeit ist. Aufgrund der heutigen weltweiten Finanz- und Machtstrukturen bin ich in Jahren des Studiums zu der für mich einzig logischen Schlußfolgerung gelangt, daß weitsichtige und langfristige Investitionen die einzig sichere Alternative bieten, Vermögen nachhaltig über die Zeit zu erhalten und zu mehren. Da man 100 Barrel Rohöl schlecht im Garten vergraben oder 30 Tonnen Kupfer in der Garage lagern kann, bieten Edelmetalle für die Menschen die einzige realistische Möglichkeit, sich nachhaltig durch den Kauf des eigentlichen Metalls abzusichern.

Gerstetten, im Juli 2007
Jürgen Müller

Teil 1
Warum Gold, warum Silber?

Einleitung

Im Jahre 1971 hob der US-Präsident Nixon [1.1] die Golddeckung des amerikanischen Dollars auf, wodurch die USA aufgrund des verlorenen Vietnamkrieges ihre internationale Zahlungsunfähigkeit dokumentieren mußten. Die seit 1934 geltende Gleichung

$$31{,}1 \; Gramm \; Gold = 35 \; Papierdollar$$

galt fortan nicht mehr. In der Folge stieg der Goldpreis bis Januar 1980 auf 850 US-Dollar [1.2] und der Silberpreis auf 50 Dollar je Feinunze (1 Unze = 31,1 Gramm) [1.3].

Seit dieser Zeit jedoch waren Gold und Silber für zwei Dekaden die schlechtesten Anlagen, die man sich hätte denken können. Gold fiel vom genannten Hoch bei 850 auf 260 US-Dollar zurück. Dies bedeutete rein nominal, das heißt den Zahlen nach, einen Verlust von 70 %. Rechnet man die ständige Geldentwertung noch hinzu, kommt man sogar auf einen Verlust von 86 % (850 Dollar des Jahres 1980 waren 1826 Dollar des Jahres 2001 [1.4]).

Dem kleinen Bruder Silber erging es nicht viel besser. Dessen Preis fiel von 50 US-Dollar je Unze auf knapp 4 US-Dollar; inflationsbereinigt ein Verlust von unglaublichen 96 % (nominell 92 %).

Gold und Silber waren völlig außer Mode, die sogenannten »Goldbugs« (Goldfreunde) – eine kleine Minderheit – wurden bestenfalls belächelt, schlimmstenfalls als die ewig Gestrigen verspottet. Sehr offensichtlich, daß nur wenige hartgesottene Insider im Jahr 2001 erkennen und glauben konnten, daß sich der Weg nun wieder umkehren sollte. Und dennoch: Bis Mai 2006 hatten sich Gold- und Silberpreise in der Spitze wieder ungefähr verdreifacht. Gold stieg auf 730 US-Dollar und Silber bis auf 15 US-Dollar die Unze. Die Jahresbilanz 2006 für Aktienmärkte und Edelmetalle sah wie folgt aus:

Silber:	*+ 43 %*	*[1.5]*
Gold:	*+ 22 %*	*[1.5]*
DAX:	*+ 22 %*	*[1.6]*
S&P 500:	*+ 14 %*	*[1.7]*

Auf den kommenden Seiten wollen wir die Gründe kurz zusammenfassen, die zu dieser erneuten Wiederentdeckung der Anlageklasse Edelmetalle geführt hat. Wir wollen ebenso beleuchten, warum diese Wiederentdeckung nach allem menschlichen Ermessen noch lange nicht abgeschlossen ist, sondern sich im Gegenteil vermutlich noch immer in der ersten Phase eines langen Booms befindet.

Ich werde mich in diesem Kapitel des öfteren auf mein erstes Buch »Generation Gold« beziehen und auch einige Textpassagen aus diesem zitieren. Sollten Sie dieses Buch kennen, so bitte ich Sie, mir diese Wiederholungen nachzusehen. Ich denke, daß es dem Gesamtkonzept dieses Buches gut zu Gesichte steht, wenn wir uns diese Grundlagen zu Beginn nochmals vergegenwärtigen.

Beginnen wir mit einigen wichtigen Definitionen und der Frage, wo unser Geld überhaupt herkommt beziehungsweise wie es entsteht.

Kapitel 1
Geld damals – Geld heute

Zunächst ist die Frage wichtig, welche Arten von Geld es überhaupt gab oder gibt. Geld ist nicht gleich Geld, so ungewöhnlich sich das auf den ersten Blick auch anhören mag.

In der Geschichte stellte sich irgendwann heraus, daß sich eine arbeitsteilige Gesellschaft schneller entwickeln konnte, als eine Gesellschaft, in der jeder mehr oder weniger autarker Selbstversorger war. Um nun Waren und Dienstleistungen besser tauschen zu können, wurden wertvolle Gegenstände als Zwischentauschmittel eingeführt. Und irgendwann, um eine lange Geschichte kurz zu erzählen, landete die Menschheit beim Gold und beim Silber, welche als geeignete Zwischentauschmittel verwendet wurden. Keine Konferenz, kein Edikt und keine staatliche Verordnung war hierfür notwendig. Die Eigenschaften der edlen (= seltenen) Metalle waren prädestiniert für ihre Funktion als Tauschmittel beziehungsweise als Geld:

- *selten*
- *nicht beliebig vermehrbar*
- *teilbar*
- *chemisch sehr beständig*
- *allgemein begehrt*

Der Schweizer Bankier Ferdinand Lips schreibt in seinem Buch »Die Goldverschwörung« deshalb auch:

»*Der moderne Goldstandard des 19. Jahrhunderts (war) nicht das Ergebnis irgendeiner Konferenz, sondern er hatte sich als das Resultat vieler Jahrhunderte an Erfahrung und Praxis auf natürliche Weise ergeben.*« [1.8]

Die Ware Gold und Silber wurde also zur Ware Geld, welches deswegen auch als *Warengeld* bezeichnet wird. Kennzeichnend für diese Form des Geldes ist sein innerer Wert: Das Metall mußte zuerst gefunden, ausgegraben, gereinigt und in eine entsprechende Form

(Münzen oder Barren) gebracht werden. Es besaß daher diesen inneren Wert, der jede Ware auszeichnet, sei es eine Zahnbürste, ein Auto oder ein Zahnstocher. Noch anders ausgedrückt: Gold und Silber verbriefen eine Leistung, die bereits in der Vergangenheit erbracht wurde und können daher auch nie völlig wertlos werden.

Der von Lips im Zitat angesprochene Goldstandard funktionierte kurz gesagt so, daß die umlaufenden Banknoten quasi »Goldhinterlegungsscheine« waren, das heißt, Geld war Gold und Gold war Geld. Jeder konnte bei einer Bank seine Noten in Gold umtauschen, wenn er dies wollte. Diese *Golddeckung* der umlaufenden Geldmenge beschränkte daher die Ausgabe neuer Banknoten und legte spendierfreudigen Politikern eine Fessel an. Wurde kein neues Gold eingelagert, konnte kein neues Geld in Umlauf gesetzt werden (oder der Prozentsatz der Deckung mußte gesenkt werden). Durch die Hinterlegung mit Gold konnte dieses Geld auch ohne zeitliche Begrenzung umlaufen, das Gold (der Deckungswert) war ja immer da. Warengeld ist also unvergänglich.

Im Gegensatz dazu hantieren wir heute nur noch mit sogenanntem *Kreditgeld* (von lateinisch credere = glauben, vertrauen). Dieses entsteht in der Hauptsache durch die Geldschöpfung der Banken aus dem Nichts, indem sich irgendwelche Kreditnehmer neu oder noch höher verschulden. Die Online-Enzyklopädie Wikipedia definiert dieses auch als Fiat Money bezeichnete Kreditgeld wie folgt:

»*Die Bezeichnung* fiat money *ist abgeleitet aus dem lateinischen* fiat lux *(es werde Licht), denn solches Geld kann einfach nach Bedarf geschaffen werden (es werde Geld), und der Erschaffer (in der Regel die Zentralbank) muß keine Waren zur Deckung bereithalten.*« [1.9]

Unser heutiges Kreditgeld entsteht also einfach per Knopfdruck und ist durch nichts hinterlegt als durch das Versprechen des Kreditnehmers, es irgendwann wieder zu erarbeiten und zurückzuzahlen. Mit anderen Worten: Unser heutiges Geld ist nur eine Schuld, die auch wieder verschwinden kann, wenn sie getilgt wird. Beim ungedeckten Papiergeld muß also die Leistung erst noch in der Zukunft erbracht werden. Ein einfaches Beispiel kann dies vielleicht noch etwas besser erklären.

Viele Menschen kaufen sich irgendwann in ihrem Leben eine Wohnung oder ein Haus. Und ebenso viele haben das Geld hierfür nicht, das heißt, sie gehen zu einer Bank und leihen es sich dort (verzinslich) aus. Der Hauskäufer bezahlt damit den Bauunternehmer. Dieser wiederum bezahlt den Baustoffhändler mit dem Geld, das er vom Hauskäufer bekommen hat. Im Grunde bezahlt also der Bauunternehmer mit dem Versprechen des Hauskäufers, die geschuldete Leistung irgendwann in der Zukunft zu erbringen (in Form von Zins und Tilgung an die Bank). Sie sehen den Trick, daß die heute vom Baustoffhändler erbrachte Leistung »Lieferung von Waren zum Bauen eines Hauses« quasi nur mit einem zukünftigen Versprechen bezahlt wird. Der Baustoffhändler wiederum nimmt dieses Versprechen auch nur deswegen an, weil er glaubt und darauf vertraut, daß auch der nächste Empfänger des Geldes dieses Vertrauen aufbringen wird. Solange jeder glaubt und vertraut, funktioniert das System also.

Fassen wir diese wichtigen Unterschiede nochmals kurz zusammen: Beim Warengeld wurde die Leistung bereits in der Vergangenheit erbracht. Es ist unvergänglich (das heißt kann zeitlich unbeschränkt im Wirtschaftskreislauf zirkulieren) und kann auch nie völlig wertlos werden. Die Leistungserbringung unseres seit 1971 völlig ungedeckten Kreditgeldes hingegen muß erst noch in der Zukunft erfolgen. Wird der Kredit bezahlt, vergeht auch das Geld.

Bereits mit diesen Definitionen ist klar geworden, auf welchem moralisch und ethisch brüchigem Fundament unser gesamtes monetäres Leben und Wirtschaften derzeit ruhen muß. Würden Sie nicht auch lieber für Ihre Arbeit ein Geld bekommen, daß bereits eine in der Vergangenheit erbrachte und damit unvergängliche Leistung darstellt? Der Autor des Buches »Das Silberkomplott«, Reinhard Deutsch, bezeichnet nicht zu unrecht das Kreditgeld daher auch als »legales Falschgeld«. Legal, weil es vom Staat legalisiert ist und für die Bürger eine Annahmepflicht besteht, und trotzdem Falschgeld, weil der verbriefte Wert im Grunde noch gar nicht geschaffen wurde.

Kapitel 2
Problem Zins

Von der Moral und Ethik einmal ganz abgesehen folgt aus der Verwendung von Kreditgeld eine mathematisch sehr simple Notwendigkeit, namentlich die Endlichkeit einer exponentiellen Funktion. Ein ungedecktes Papiergeld-Zinssystem kann rein mathematisch keinen dauerhaften Bestand haben, da alles Geld nur verzinslich in die Welt kommt. Es tritt das ein, was Einstein als das »achte Weltwunder« bezeichnet hat: der exponentielle Zinseszins-Effekt.

Was auch immer beredete Politiker tun oder beschließen: Diese simple, mathematische Gleichung kann niemand überwinden oder überlisten. In meinem Buch »Generation Gold« [1.10] habe ich die Natur einer solchen exponentiellen Funktion bereits zu erläutern versucht. Ich erlaube mir, diese Passage hier nochmals wiederzugeben, da sie eminent wichtig ist für das Verständnis, warum unser Papiergeld-Zinssystem – wie immer in der Geschichte – in einem Zusammenbruch und einer Entwertung jedwelcher Art (Inflation, Währungsreform, Krieg, Staatsbankrott etc.) enden *muß*.

Das entscheidende einer exponentiellen Funktion ist, daß sich die *Geschwindigkeit des Wachstums* immer weiter beschleunigt. Im Gegensatz dazu ist das Wachstum einer linearen Funktion konstant, das heißt, der Wert der Funktion steigert sich konstant in gleichen Zeitabständen. Man kann diesen Unterschied sehr gut anhand einfacher Zahlenreihen erkennen. Eine lineare, »gleichmäßige« Zahlenreihe wäre zum Beispiel 2, 4, 6, 8 ... und so weiter. Der Wert der letzten Zahl ergibt sich demnach immer aus der vorigen Zahl plus 2. Das Wachstum liegt also konstant, das heißt linear bei + 2.

Anders verhält es sich bei einer exponentiellen Funktion. Hier wäre der Verlauf der Zahlenreihe beispielsweise 1, 2, 4, 8, 16, 32 ... und so weiter. Das heißt, das Wachstum liegt hier bei »mal zwei« und steigt damit stetig und immer schneller an, da immer das Doppelte einer Zahl die nächste Zahl der Reihe ergibt. Diese Zahlenreihe würde in wirtschaftlicher Sprachweise also einer Verzinsung von 100 % entsprechen. In der Natur gibt es nur wenige Beispiele für solche exponentiellen Vorgänge. Sie sind stets zeitlich begrenzt und tragen das Ende bereits in sich. Beispiele sind

- *der Zerfall oder die Spaltung von radioaktiven Elementen zum Beispiel bei einer Atombombe,*
- *biologisches Wachstum von Zellkulturen, zum Beispiel Krebsgeschwüren,*
- *Schneelawinen.*

Oder können Sie sich noch an die Kettenbriefe in Ihrer Jugend erinnern? Ein Freund gab Ihnen einen Brief mit einer Erklärung und fünf Adressen, die Sie fünfmal abschreiben und an Ihre Freunde weitergeben mußten. An den Erstplazierten aus der Liste mußte man eine Mark schicken, und am Ende hätte man selbst theoretisch 3125 Mark bekommen sollen. In der Praxis hatte man jedoch in der Regel stets eine Mark und fünf Freunde weniger. Auch diese Kettenbriefe stellten natürlich eine exponentielle Funktion dar. Die Zahlenreihe im genannten Beispiel ist »mal fünf«, das heißt 5, 25, 125, 625, 3125. Und obwohl dieses Spiel schon im Kleinen nicht funktioniert, sind in unserem heutigen weltweiten Finanzwesen solche exponentiellen Zinsreihen gang und gäbe, sobald Schulden und damit Kreditgeld ins Spiel kommen.

Die biologische Evolution hat dieses Grundübel von exponentiellen Funktionen natürlich erkannt und läßt zum Beispiel uns Menschen im Alter von ungefähr 20 Jahren aufhören zu wachsen, nachdem wir als Embryo im Mutterleib mit einer exponentiellen Wachstumsrate in der Entwicklung begonnen haben. Auch die Bäume wachsen nicht in den Himmel, wie das beliebte Sprichwort bereits besagt. Sie würden schlicht und ergreifend unter ihrer eigenen Last zusammenbrechen und schlußendlich absterben.

Heerscharen von Technikern und Ingenieuren versuchen, der Natur ihre Tricks zu entlocken, um ihre Produkte besser machen zu können. Ökonomen und Politiker wollen oder können nicht erkennen, daß zum Beispiel unser Körper selbst das beste Beispiel dafür ist, daß fortlaufendes Wachstum (der Wirtschaft, der Geldmengen, der Schulden etc.) im endlichen Raum unserer Erde auf Dauer niemals funktionieren kann.

Kommen wir zurück in die Welt der Geldwirtschaft und betrachten die zeitliche Entwicklung eines Guthabens von 10.000 Euro bei verschieden hohen Verzinsungen innerhalb von 50 Jahren.

Wenn 10.000 Euro zu 3 % Zins angelegt werden, so vervierfacht sich das Kapital ungefähr innerhalb von 50 Jahren. Bei der Verdopplung des Zinses auf 6 % ergibt sich bereits eine 18fache Vergrößerung des Kapitals. Bei 9 % Zinsen ist dieser Faktor auf 74 und bei 12 % auf rund 290 gestiegen.

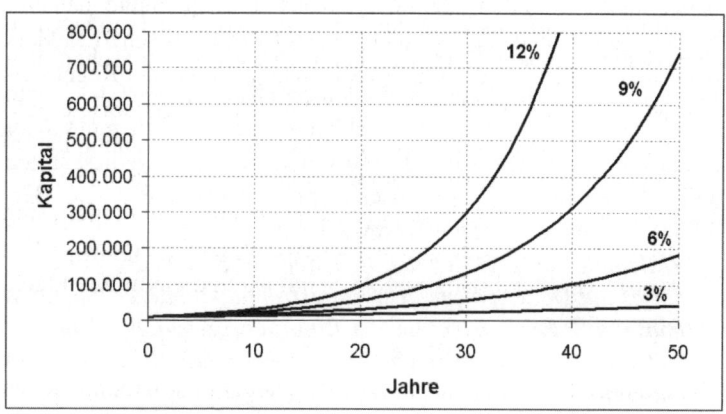

Abbildung 1.1.: Kapitalwachstum von 10.000 Euro bei (von links nach rechts) 12, 9, 6 und 3 % Zinsen

Der Grund für dieses sich immer weiter beschleunigende Wachstum ist der bereits erwähnte Zinseszins-Effekt. Das heißt, zuvor bezahlte Zinsen werden erneut verzinst, so daß sich zum Beispiel bei einem Zinssatz von 3 % eine Zahlenreihe von gerundet

$$1 \to 1{,}03 \to 1{,}0609 \to 1{,}0927 \to 1{,}1255 \to 1{,}1593$$

ergibt. Das Wachstum dieser Reihe (das heißt der Abstand zwischen jeweils zwei benachbarten Zahlen) ist demnach

$$0{,}03 \to 0{,}0309 \to 0{,}0318 \to 0{,}0328 \to 0{,}0338$$

und steigt damit beständig und immer schneller an, im Beispiel oben also von anfänglich 0,0300 auf 0,0338. Dies ist also der Charakter einer exponentiellen Funktion. Umgangssprachlich könnte man sagen, daß alles erst ganz langsam anfängt und am Ende um so schneller in den Himmel schießt.

Bekannte Beispiele für solche Funktionen sind der Seerosenteich oder der Josefspfennig. Hätte Josef seinem Sohn Jesus im Jahre Null einen Pfennig (also den Josefspfennig) auf ein Sparkonto zu 5 % Zins angelegt, dann wären im Jahre 2000 hieraus 200 Milliarden Erdkugeln aus Gold geworden.

Schon dieses fiktive Rechenbeispiel zeigt, daß ein Zinssystem auf Dauer nicht funktionieren kann. Wir haben nur eine Erde und auch diese besteht zum Glück nur zu einem winzigen Bruchteil aus dem chemischen Element Gold. Das heißt, irgendwann zwischen dem Jahre Null und heute hätte die Bank ihrem Kunden Josef das Konto kündigen oder den Bankrott anmelden müssen, weil sie nicht mehr in der Lage gewesen wäre, die Zinsen an Jesus zu erwirtschaften und zu bezahlen. Der Volkswirtschaftsprofessor Bernd Senf aus Berlin beschreibt diesen Tatbestand wie folgt:

»Allein daran zeigt sich deutlich, daß das System des Zinseszinses auf Dauer gar nicht störungsfrei funktionieren kann. Es muß rein logisch immer wieder Einbrüche geben, bei denen sich die Geldforderungen beziehungsweise das Geld insgesamt entwertet – zum Beispiel durch Währungskrisen beziehungsweise Währungsreformen.« [1.11]

Diese Überentwicklungen gelten natürlich sowohl für Guthaben wie auch genauso für Schulden, wenn diese nicht zurückbezahlt und die Zinsen immer nur durch neue Schulden beglichen werden. Die Höhe des Zinssatzes an sich ist dabei unerheblich, da durch dessen Erhöhung nur der zeitliche Verlauf gestaucht oder gestreckt wird. Das Ergebnis einer durch den Zinseszins hervorgerufenen exponentiellen Überentwicklung ist früher oder später immer das gleiche.

Warum dieser exponentielle Zinseszins-Effekt irgendwann tödlich wirken muß, läßt sich anschaulich anhand einer kleinen Insel-Ökonomie erklären.

Stellen Sie sich eine kleine, abgelegene Insel mit 10 Insulanern vor. Das Geld dieser Insel heißt Inseltaler, und am Ur-Anfang der Insel wurden jedem Insulaner 100 dieser Inseltaler in die Hand gedrückt. Es befinden sich also insgesamt 1.000 Inseltaler im Umlauf (100 × 10). Und solange nur Tauschgeschäfte mit Waren oder Dienstleistungen getätigt werden, läuft das Geld auch von Insulaner zu Insulaner um.

Nun kommt jedoch irgendwann der sehr ausgabenfreudige Insulaner Montag zum sparsameren Kollegen Freitag und fragt ihn, ob er ihm nicht 10 Taler bis nächstes Jahr borgen könne, er habe seine 100 Inseltaler bereits ausgegeben. Freitag willigt ein, will aber aufgrund des zeitweiligen Verlustes an Liquidität eine Gebühr von einem Taler haben, das heißt, Montag muß Freitag am Ende des Jahres 11 Inseltaler zurückgeben. Montag ist froh, überhaupt die neue Liquidität zu bekommen und willigt ein. Nun ergibt die Rechnung aber zum Beispiel das folgende Bild:

- *8 Insulaner haben in Summe 900 Taler (pro Kopf im Mittel ihre eigenen 100 Taler plus die 100, die Montag bereits an irgendwen ausgegeben hat).*
- *Montag hat 10 Taler, nämlich die von Freitag.*
- *Freitag hat 90 Taler: seine anfänglichen 100 minus die 10, die er Montag gegeben hat.*

Macht also in der Summe immer noch die anfänglichen 1.000 Warengeld-Inseltaler. Wo soll aber um alles in der Welt nun der neue Kreditgeld-Taler herkommen, den Montag an Freitag als Gebühr (= Zins) für die zeitweilige Überlassung der 10 Inseltaler versprochen hatte?

Es gibt nur drei Möglichkeiten: Entweder nimmt Montag seinen fehlenden Taler von einem der ersten acht Insulaner (verschuldet sich also erneut gegen einen Zinstaler, wodurch dann zwei Inseltaler im Gesamtsystem fehlen würden), oder er geht sofort bankrott, oder er schafft es irgendwie anders, diesen fehlenden Kredit-Taler »aus dem Nichts« herzustellen und in das System zu bringen. Wir haben bereits weiter oben gesehen, daß heutzutage die Zentral- und Geschäftsbanken dieses »aus dem Nichts ins System bringen« bewerkstelligen.

Die einfache mathematische Wahrheit lautet also: In einem Kreditgeldsystem ist nie genug Geld da – einfach nie. Immer fehlt das Geld für den versprochenen Zins und muß wiederum verzinslich durch neue Verschuldung eines Wirtschaftsteilnehmers erzeugt werden, wodurch nur noch mehr Geld fehlt. Es ist die bekannte Katze, die sich in den eigenen Schwanz beißt. Die neuen Schulden zur Bedienung der alten Schulden müssen also immer weiter und immer schneller wachsen. Eine Rückzahlung kann, ja *darf* gar nicht erfolgen, da sonst – aufgrund des Wesens des Kreditgeldes – notwendiges Geld aus dem Kreislauf entzogen werden würde. Dies ist auch der eigentliche Grund dafür, daß die weltweite Geldmenge sehr viel schneller wachsen muß, als die reale, lineare Wirtschaftsleistung dies jemals tun könnte. Kurt Biedenkopf brachte dies auf der 56. Physikertagung 1992 in Berlin auf den kurzen Nenner, daß unser derzeitiges politisches und wirtschaftliches System auf der Annahme beruhe, daß ein – Zitat – »stetes exponentielles Wachstum der materiell verfügbaren Ressourcen, des materiellen Bruttosozialproduktes, dauerhaft möglich wäre« [1.12]. Daß diese Annahme falsch ist, ist offensichtlich. Seit Lösung des Dollars von der letzten Goldbindung im Jahr 1971 wuchs die Weltwirtschaft um das 4fache, die Geldmenge jedoch um das 40fache an. Wir werden später noch sehen, daß dies auch der eigentliche Grund für die ständige Entwertung unseres Geldes ist.

Fassen wir bis hierher nochmals kurz zusammen. Unser heutiges ungedecktes und in sich wertloses Geld ist reines Kreditgeld, welches nur verzinslich durch Verschuldung in die Welt kommt. Aufgrund des geforderten Zinses entsteht eine exponentielle Zinseszins-Funktion, die Schulden und Geldmengen immer weiter und immer schneller steigen lassen muß. Eine Deckung dieses Geldes mit Waren oder Dienstleistungen (oder gar Gold) ist nicht möglich.

Soweit die Theorie. Doch was sagt die Praxis? Sind diese exponentiellen Steigerungsraten auch in den öffentlichen Statistiken zu sehen? Wie die folgenden drei Abbildungen zeigen, ist dies in der Tat der Fall.

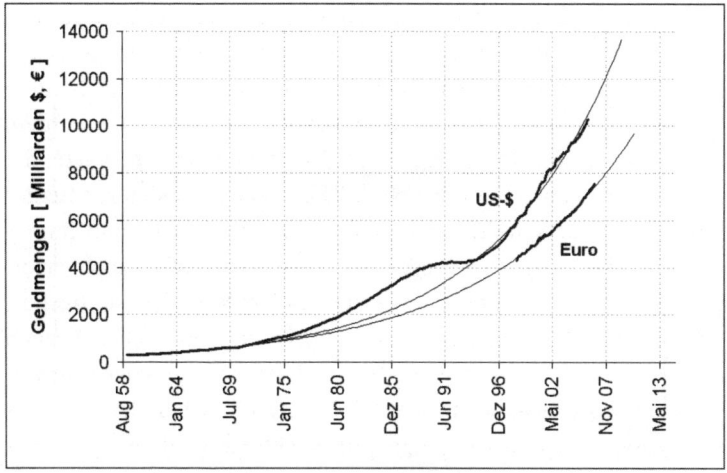

Abbildung 1.2.: Exponentielles Wachstum der Geldmengen
Quellen: Amerikanische und Europäische Zentralbank

Die Praxis bestätigt die exponentielle Natur des Geldmengenwachstums, wie am Beispiel der langfristigen Entwicklungen von Dollar und Euro zu sehen ist. Die dünnen schwarzen Linien stellen mathematisch perfekte, expontielle Verläufe dar. Seit Einführung des Euros hat sich dessen Menge bereits nahezu verdoppelt. Klar ist auch die schnellere Zunahme der Dollar-Geldmenge nach 1971 zu erkennen. Die Stagnation der amerikanischen Geldmenge Ende der 1980er, Anfang der 1990er Jahre ist auf die damalige Rezession zurückzuführen.

Auch die kummulierten Papiergeld-Reserven aller Länder nach yardeni.com stellen klar eine sich immer weiter beschleunigende Kurve dar. Die zwei asiatischen Wirtschaftswunderländer China und Indien steigerten im Jahr 2006 ihre Geldmengen um 16 % beziehungsweise 20 % [1.13]. Die Welt ertrinkt in Fluten von Papiergeld (vgl. Abb. 1.3.).

Auch die Schuldenstände der westlichen Sozialstaaten spiegeln exponentielle Funktionen wider. Als Beispiel nachfolgend die Verschuldungskurve der öffentlichen Hände in Deutschland (Bund, Länder und Gemeinden, vgl. Abb. 1.4.).

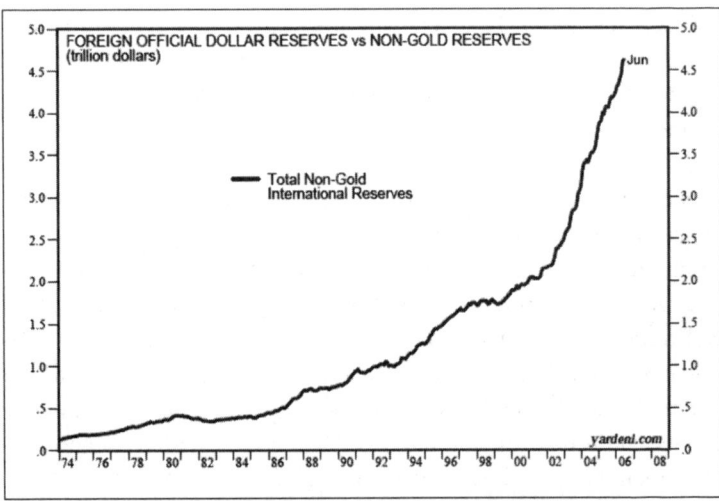

*Abbildung 1.3.: Exponentielles Wachstum
der weltweiten Geldmengen*
Quelle: www.yardeni.com

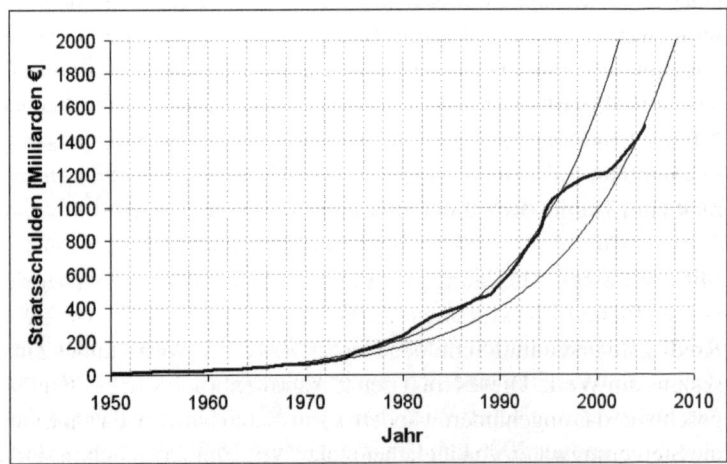

*Abbildung 1.4.: Deutsche Staatsschulden 1950 – 2005
mit exponentiellen Kurvenüberlagerungen*
Quelle: Statistisches Bundesamt [1.14]

Die Verlangsamung des Schuldenwachstums Mitte bis Ende des letzten Jahrhunderts rührt von staatlichen Tafelsilber-Verkäufen, den

Erlösen aus der UMTS-Versteigerung sowie den generell niedrigen Kapitalmarktzinsen in diesem Zeitraum her. Seit 2000 ist jedoch wieder eine starke Beschleunigung der Schuldenzunahme zu erkennen.

Um etwas vom Thema abzukommen: Zu dieser explizit ausgewiesenen Bundesschuld muß man die sogenannte »implizite Verschuldung« noch zuschlagen. Diese betrug laut Ex-MdB Oswald Metzger im Jahr 2001 rund 3.500 Milliarden Euro [1.15] und laut Norbert Schwarz vom Statistischen Bundesamt in Wiesbaden im Jahr 2004 sogar 8.000 Milliarden Euro [1.16] (also ungefähr das fünffache der offiziellen deutschen Verschuldung). Die Ursache dieser impliziten Staatsschuld liegt in den umlagefinanzierten sozialen Sicherungssystemen, hauptsächlich der Rentenversicherung. Für die von den Bürgern erworbenen Rentenansprüche wurde vom Staat nie Geld zurückgelegt. Das heißt, je mehr Menschen in Rente gehen, um so mehr wandeln sich diese unfinanzierten Ansprüche in eine verzinsliche explizite Schuld um. Schaut man sich die demographische Verschiebung an, die uns in Deutschland in den nächsten Jahrzehnten erwartet, wird klar, daß ab einem gewissen Punkt die Zinslast durch unsere Volkswirtschaft nicht mehr erarbeitet werden kann. Die Schulden von heute sind die Steuern von morgen, da sich ein Staat schließlich nur über Steuern und Abgaben finanzieren kann. Doch nun zurück zum Thema der exponentiellen Überentwicklungen.

Mit den obigen Abbildungen sollte die zuvor aufgestellte Theorie von endlichen Zinssystemen hinreichend bewiesen sein. Dort wo Kreditgeld und damit Schulden sind, ist das achte Weltwunder Zinseszins am Werk. Dieses trägt den Zusammenbruch wie ein Krebsgeschwür, das ungehindert wuchern kann, bereits in sich, da am Ende die Steigerungsraten von jeglicher realer Wirtschaft abgehoben sind.

Eine wichtige Erkenntnis muß aus den genannten Fakten bereits an diesem Punkt der Abhandlung gezogen werden: Eine Altersvorsorge, die komplett auf Ansprüche aus staatlichen sozialen Verteilsystemen beruht, kann dauerhaft nicht tragfähig sein und sollte zwingend mit nicht-staatlichen Vorsorgemaßnahmen abgesichert werden.

Par excellence eignen sich hierfür Edelmetalle, die keinen Anspruch, sondern, wie gesehen, einen Wert in sich darstellen. Anders formuliert: Forderungen auf Kreditgeld sollten stets auch durch vorhandenes Warengeld abgesichert sein. Für Hausbesitzer zum Beispiel, die ihre monatlichen Raten bezahlen, ist es daher in höchstem Maße empfehlenswert, sich auch einen Kilobarren Gold als kostenlose Versicherung anzuschaffen. Neue Produkte wie zum Beispiel Riester- oder Rürup-Rente, Staatsanleihen oder auch Aktienfonds etc. bewegen sich alle im Kreditgeldbereich und sind rein aus dieser Überlegung heraus nicht empfehlenswert, um die staatliche Rente ausschließlich zu ergänzen oder gar abzusichern. Um im Bild von Franz Müntefering zu bleiben, wären es vermutlich sinnvoller, Balalaika spielen zu lernen, als eine Riester-Rente abzuschließen [1.17].

Kapitel 3
Problem Inflation

Aus dem bereits genannten Punkt der weltweit exponentiellen Geldmengenausweitung kann man schon das nächste Problem ableiten, nämlich das der Inflation. Leider gibt es in der Geschichte kein einziges Beispiel einer Papierwährung, die auf Dauer Bestand gehabt hätte. Selbst der Dollar, den wir heute kennen, ist bereits der vierte in der amerikanischen Ahnenreihe. Gibt man staatlichen Stellen beziehungsweise dem Bankensystem die Aufsicht über das Geld, dann ist das so, als wenn ein Hund eine Wurst bewachen sollte: Es kann einfach auf Dauer nicht gutgehen. Der irische Literatur-Nobelpreisträger von 1925 und Oscar-Gewinner von 1938, George Bernard Shaw, meinte hierzu:

»*Sie haben die Wahl zwischen der natürlichen Stabilität des Goldes und der Ehrlichkeit und Intelligenz der Politiker. Und mit dem Respekt für diese Herren, rate ich Ihnen, solange das kapitalistische System besteht, das Gold zu wählen.*«

Durch eine simple Darstellung mit Blöcken (frei nach Professor Bernd Senf, Referenz [1.11]), kann man den Zusammenhang zwischen Geldmengen und Geldentwertung erkennen. Nehmen wir an, im Jahr 1 steht im Staate Lilliput einem Anteil Geld (G) genau ein Anteil Sozialprodukt (SP) gegenüber:

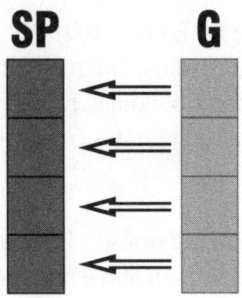

Im Jahr 2 ist das Sozialprodukt von Lilliput um eine Einheit gestiegen, die Geldmenge jedoch um zwei Einheiten:

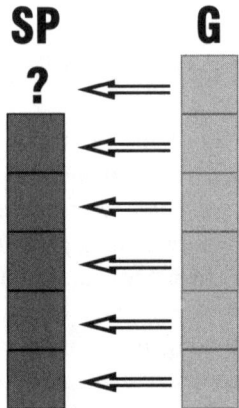

Einer Einheit an Geld steht nun leider nichts mehr an Waren oder Dienstleistungen gegenüber, das heißt, sechs Einheiten Geld »rangeln« um fünf Einheiten Sozialprodukt, was zu folgendem einfachen Dreisatz (eigentlich ja einem Zweisatz) führt:

5 Einheiten Sozialprodukt = *6 Einheiten Geld*
1 Einheit Sozialprodukt = *⁶/₅ Einheiten Geld*
1 Einheit Sozialprodukt = *1,2 Einheiten Geld*

Die Bürger von Lilliput erfahren also eine Inflation von 20 % in Bezug auf Jahr 1. Stellt man mehr Geld als Waren und Dienstleistungen her, erzeugt man Geldentwertung. Dieser Zusammenhang wurde auch durch zwei langjährige empirische Studien der amerikanischen Federal Reserve Bank (FED) und der Schweizer Großbank UBS bestätigt: Steigt die Geldmenge, steigt linear die Inflation. Die beiden folgenden Abbildungen 1.5a und 1.5b. zeige ich auf fast jedem Vortrag, da ich sie für das Grundverständnis als absolut notwendig erachte.

An diesem Punkt erkennen wir also, daß die Zentralbanken nicht die Hüter der Währung sind, sondern deren Entwerter. Oder, um das obige Bild nochmals zu bemühen: Die Zentralbanken sind die Hunde, die ihre eigenen Würste bewachen sollen.

Im Buch »Die Kreatur von Jekyll Island« von G. Edward Griffin

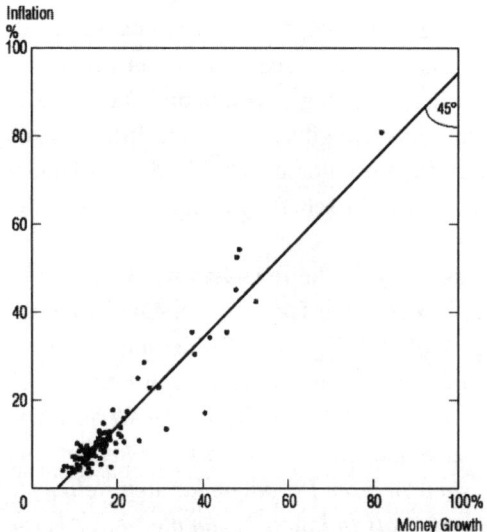

Abbildung 1.5a: Proportionale Abhängigkeit zwischen Geldmengenwachstum und Inflation.
Quelle: Amerikanische Zentralbank Minneapolis [1.18]

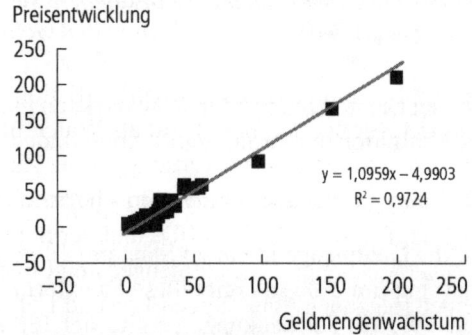

Abbildung 1.5b: Proportionale Abhängigkeit zwischen Geldmengenwachstum und Inflation. Quelle: UBS [1.19]

[1.20] wird anhand der amerikanischen FED gezeigt, wie und warum Zentralbanken entstehen konnten. Ich wage die Behauptung aufzustellen, daß Sie die Welt mit anderen Augen sehen werden, wenn Sie dieses Buch gelesen haben: Weder ist die FED föderal, noch hat sie eigene Reserven, noch ist sie eine Bank im üblichen Sinne. Und dennoch produziert dieser private Zusammenschluß der amerikanischen Hochfinanz Bündel über Bündel an neuem Kreditgeld und tauscht es in aller Welt gegen Waren und Dienstleistungen ein. Solange es Zentralbanken gibt, kann es nur Inflation geben. Aus dem bekannten Motto »inflationiere *oder* stirb« wird daher irgendwann in einem alternden Wirtschaftssystem »inflationiere *und* stirb«.

Martin Weiss, der US-Chefredakteur des Börsenbriefes »Sicheres Geld« schreibt zu diesem Thema in verständlichen Worten:
»Ja, ich weiß, daß die Notenbanker Ihnen ständig erzählen, sie würden die Inflation bekämpfen – von Fed-Präsident Bernanke über den EZB-Chef Trichet bis hin zu Mervyn King von der Bank of England. Ganz gleich, wie sie heißen, ganz gleich, wer sie sind: In ihren Propagandareden stellen sich die Notenbanker immer als Inflationsbekämpfer dar. Aber hinter Ihrem Rücken tun sie das genaue Gegenteil. Sie lassen die Gelddruckmaschinen auf Hochtouren laufen und sorgen für eine weltweite Flut von Papiergeld und Krediten. Damit verursachen sie selbst das Problem, das zu bekämpfen sie Ihnen weiß machen wollen.« [1.21]

Nach der obigen Darstellung mit den Blöcken kann man eine faustformelartige Definition der »wahren Inflation« finden:

Wahre Inflation = Geldmengenwachstum – Wirtschaftswachstum

Wächst also die Geldmenge in einem Staat um 10 % pro Jahr und die Wirtschaft nur um 2 %, so ergibt diese Faustformel eine wahre Inflation von 8 %. Mit Schwankungen ergibt sich für die Eurozone demnach ein Wert für die wahre Inflation von derzeit zirka 7 % [1.22]. Daß die offiziellen Statistiken der Preissteigerung einen Wert von zirka 2 % angeben, also rund einen Faktor drei niedriger, liegt am falschen Wesen des zugrundeliegenden Warenkorbes und weiteren statistischen Manipulationen, zum Beispiel den sogenannten »hedonischen Bereinigungen«. Alle Anlagen, die nicht mindestens 7 % Ertrag p.a. erwirtschaften, verringern ihre Kaufkraft. Oder anders ausgedrückt: Haben Sie 4 % gewonnen, haben Sie in Wahrheit 3 % verloren.

*Abbildung 1.6.: Ofenbefeuerung im Jahr 1923.
Das Geld besaß seinerzeit einen höheren Brennwert als die Kohle,
die man hierfür hätte kaufen können.* Quelle: en.wikipedia.org [1.23]

Gold und Silber schützen langfristig vor Inflation. Ein Herrenanzug im 19. Jahrhundert kostete eine Unze Gold, und auch heute noch bekommt man für diese Unze einen sehr guten Anzug. Vor der Währungsabwertung 1948 kostete ein VW Käfer 5.000 Reichsmark [1.24], was bei einem damaligen Goldpreis von 147 Reichsmark je Unze zirka 34 Unzen Gold entsprach. Auch heute bekommt man einen VW New Beetle oder einen Golf in der Basisversion für 27 Unzen (nicht, daß ich für diese Automarke Werbung betreiben wollte, nur für den historischen Vergleich). Ein Radio hier und ein Xenon-Scheinwerfer dort, und wir wären sicherlich wieder bei unseren 34 Unzen aus dem Jahr 1948. Vergleicht man den Goldpreis mit dem

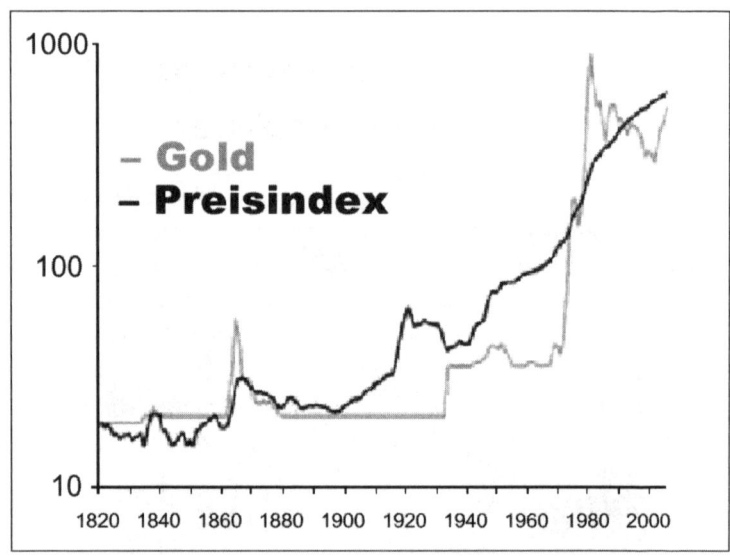

Abbildung 1.7.: Goldpreis und amerikanischer Konsumentenpreisindex, logarithmische Darstellung.

amerikanischen Konsumentenpreisindex, so ist ebenfalls eine hohe positive Korrelation (das heißt ein Gleichlauf) festzustellen.

Im letzten Jahr erzählte Dietmar Siebholz bei einem Stammtisch unserer Einkaufsgemeinschaft eine Geschichte seines Vaters, der im heutigen Schlesien irgendwann im Krieg ein Einmachglas mit Wertsachen vergraben hatte. Nach der Wende war er dort und fand tatsächlich dieses vergrabene Glas wieder. Raten Sie, was als einziger Inhalt die Zeitenwende überdauern konnte? Es waren natürlich die enthaltenen Goldbarren.

In den 1980er und 1990er Jahren wurde die gesamte westliche Welt völlig und ausnahmslos auf wertloses Kreditgeld getrimmt und konditioniert. Stellen Sie sich doch bitte Ihren Sohn oder Ihre Tochter vor, die in 50 Jahren *Ihr* Einmachglas suchen werden. Würden sich Ihre Nachkommen über einen vergilbten Riester-Vertrag oder eine angenagte Versicherungspolice freuen oder doch mehr über 34 Unzen Gold, mit denen der nächste Autokauf gesichert wäre?

Kapitel 4
Angebot und Nachfrage nach Gold und Silber

Ein weiteres wichtiges Puzzlestück im Bild ist die Angebot-Nachfrage-Situation bei den Edelmetallen. Schon heute reicht die Minenproduktion bei weitem nicht mehr aus, um die Nachfrage zu befriedigen. Beim Gold fehlen zirka 1.500 Tonnen pro Jahr (beziehungsweise 4 Tonnen pro Tag, bei Silber 8.400 Tonnen pro Jahr oder 23 Tonnen pro Tag. Im Einzelnen sehen die Zahlen für das Jahr 2005 wie folgt aus (alle Angaben in metrischen Tonnen; Quelle: Gold Fields Mineral Services, London [1.25]):

GOLD **Angebot:**
Minen-Neuproduktion:	2.494 t
Gold-Recycling:	841 t
Verkäufe der Zentralbanken:	663 t
	3.998 t

Nachfrage:
Schmuckindustrie:	2.736 t
Zahngold, Münzen, Elektronik:	2.418 t
Wertanlage:	2.425 t
Exchange Traded Funds:	232 t
Rückkäufe Goldproduzenten:	131 t
	3.942 t

Man erkennt die Situation, daß die Nachfrage in 2005 nur deshalb befriedigt werden konnten, weil die Zentralbanken mit ihren Verkäufen von 663 Tonnen den Ausgleich am physischen Goldmarkt schufen und die Rückkäufe der Minenbetreiber mit 131 Tonnen im Vergleich zu den Vorjahren sehr gering ausfiel. Die Nachfrage im Bereich Investment (Wertanlage, Exchange Traded Funds/ETFs und Münzen) nahm weiterhin stark zu – ein Trend, der sich vermutlich auch in der Zukunft weiter fortsetzen und verstärken wird.

Speziell die aufstrebenden asiatischen Länder sind traditionell wesentlich mehr dem Gold zugeneigt, als wir im Westen. Der wirtschaftliche

Aufstieg von Indien und China, deren massive Geldmengenausweitung sowie deren weiteres Bevölkerungswachstum führt zu einer einfachen Gleichung:

Mehr Geld und Wohlstand + mehr Menschen
= steigende Goldnachfrage

Wenn der Punkt erreicht ist, an dem die Bevölkerungen der westlichen Sozialstaaten das Vertrauen in ihre Kreditgeld-Währungen verlieren, wird jedoch auch hier die Nachfrage nach Gold als sicherem Hafen wieder stark steigen. Daß zudem das geologische Angebot von Gold in Zukunft fallen könnte, wird im kommenden Abschnitt diskutiert. Man kann also kurz zusammenfassen, daß die Schere von Angebot und Nachfrage sich weiter öffnen wird.

Für Silber stehen folgende Zahlen zu Buche:

SILBER *Angebot:*

Minen-Neuproduktion:	19.955 t
Silber-Recycling:	5.825 t
Verkäufe der Zentralbanken:	2.114 t
Vorverkäufe der Produzenten:	470 t
	28.364 t
Nachfrage:	
Industrie:	12.732 t
Schmuckindustrie:	7.764 t
Fotografie:	5.127 t
Wertanlage:	2.741 t
	28.364 t

Rechnet man die Verkäufe der Zentralbanken heraus, ergab sich bei Silber ein strukturelles Defizit von 7,5 %. Solch ein Silbermangel besteht bereits seit vielen Jahrzehnten und summiert sich mittlerweile auf rund 54.000 Tonnen, die aus dem Abbau bestehender Lager gedeckt werden mußten [1.26].

Vor 60 Jahren wiesen die weltweiten Silberlager noch rund 10 Milliarden Unzen auf [1.27], wobei die amerikanische FED mit 5 Milliarden Unzen den größten Anteil innehielt [1.28]. Diese Lager entsprachen seinerzeit dem 50fachen der Weltproduktion an Silber von 200

Millionen Unzen und dem 10fachen des damals vorhandenen Goldbestandes von rund einer Milliarde Unzen [1.27]. Seit damals jedoch wurden diese Lager nahezu vollständig durch die Verwendung in der Industrie geleert. Durch diese Regierungsverkäufe konnte die primäre Angebotslücke immer wieder geschlossen und der Preis niedrig gehalten werden.

Daß das Lager des größten Lieferanten, nämlich das der USA, leer sein muß, zeigt alleine die Tatsache, daß zur Prägung der populären [1.29], seit 1986 jährlich erscheinenden »Silver Eagle«-Münze *(siehe Kapitel 3.2.)*, das US-Schatzamt seit einigen Jahren Silber am Markt hinzukaufen muß [1.30]. Würde das Schatzamt einer hochverschuldeten Nation dies tun, wenn es noch eigenes Silber im Keller hätte?

Ein anderer, bisher großer Lieferant, war China. Dietmar Siebholz schreibt:

»China hat in den letzten Jahren geschätzt zirka 300 Millionen Unzen am Weltmarkt veräußert; nach Schätzungen von Fachleuten – zum Beispiel von Ross Beaty, früherer Präsident des Silver Institutes – wird China seine bisherigen Überschüsse nahezu verkauft haben, und Restbestände werden in der eigenen Industrie verwendet werden.« [1.30]

Auch aus dieser Quelle sind also in Zukunft keine weiteren nennenswerten Verkäufe mehr zu erwarten. Im Gegenteil: China verwandelte sich in großem Stil vom Exporteur zum Importeur für Rohstoffe, neben Silber zum Beispiel auch für Zink [1.31] und viele andere Rohstoffe.

Die aktuellen Lagerbestände der COMEX (Commodity Exchange, Rohstoffbörse) in New York sind auf 113,8 Millionen Unzen gesunken (Stand Januar 2007) [1.32], wobei dieses Silber teilweise nicht zum Verkauf steht, da es dort von Investoren eingelagert wurde. Weitere Kommentatoren sprechen von verbliebenen Silber-Restbeständen von weltweit nicht mehr als 300 Millionen Unzen. Dies entspricht nur rund einem Drittel eines Jahresbedarfs. Wieviel Silberbestände »über« der Erde genau existieren, kann jedoch niemand exakt sagen.

Die Nachfrageseite der Gleichung wird zu 90 % bestimmt durch die vielseitigen industriellen Anwendungen, die Silber aufgrund seiner einzigartigen physikalischen, chemischen und biologischen Eigenschaften hat. Silber ist der beste Strom- und Wärmeleiter den wir kennen. Es deckt das größte Lichtwellen-Spektrum mit den höchsten Reflexionsgraden ab. Die gesamte klassische Fotografie basiert auf Silberhalogenen, die, auf einen Film aufgebracht, einer Belichtung ausgesetzt werden. Röntgendiagnose und zerstörungsfreie Materialprüfung bedürfen des Silbers. Durch seine antibakterielle und antimikrobielle Eigenschaften findet Silber Verwendung bei der Wasseraufbereitung, in Haushaltsgeräten (Kühlschränke, Handys, Waschmaschinen), bei der Nahrungsmittelverpackung, in Kleidungsstücken, bei der Behandlung von Brandverletzungen, im Holzschutz und in Medikamenten. Durch seine extreme Dehnbarkeit können Folien von 0,002 Millimeter Stärke hergestellt werden, rund 250mal dünner als ein menschliches Haar. Dies wiederum kann in Zukunft zu einer enormen Silbernachfrage für die Herstellung von RFID-Chips führen (Radio-Frequenz-Identifikation oder, kürzer ausgedrückt, Funkerkennung).

Die vorangegangene Aufzählung von den Anwendungsgebieten des Silbers stellt eines ohne Frage klar: Bei einer steigenden Weltbevölkerung und der immer weitergehenden Technologisierung unserer Welt muß die Nachfrage nach Silber in Zukunft zwangsläufig tendenziell immer weiter steigen.

In jedem Endprodukt stecken nur wenige Gramm oder Teile eines Grammes an Silber, so daß das Silber auf den Endpreis des Produktes so gut wie keinen Einfluß hat. Man spricht daher auch von der Unelastizität der Silbernachfrage: Selbst wenn der Preis für Silber steigen wird, wird die Nachfrage aus der Industrie nicht oder nur unmerklich nachgeben. Es gibt schlicht kein anderes Metall oder Material, welches die Funktionen von Silber adäquat zu übernehmen imstande ist. Die Qualität oder Zuverlässigkeit des Produktes würde unweigerlich sinken.

Daß auch die geologischen Reserven an Silber sich in wenigen Jahren ihrem Ende zuneigen könnten, wollen wir im folgenden Abschnitt beleuchten. Es gilt also wie beim Gold, daß auch die Silberschere von Angebot und Nachfrage sich in Zukunft weiter öffnen wird.

Kapitel 5
Geologische Endlichkeit der Edelmetalle

Gold und Silber sind, wie Öl, natürlich nicht unbegrenzt auf unserem Planeten verfügbar. Statistiken des U.S. Geological Survey [1.33] und von Gold Fields Mineral Services [1.25] zeigen, daß wir derzeit das technisch und geologisch mögliche Produktionshoch (»Peak Gold«) von Gold wie auch von Silber (»Peak Silver«) erleben könnten. In meinem Buch »Generation Gold« gehe ich näher auf diese Statistiken ein. In dieser Abhandlung, die ja auf die verschiedenen konkreten Anlagemöglichkeiten von Gold und Silber abzielt, möchte ich mich daher auf einige wichtige Aussagen beschränken.

Der mögliche Verlauf der zukünftigen Minen-Neuproduktion von Gold könnte nach den genannten Statistiken wie auf Abbildung 1.8. aussehen.

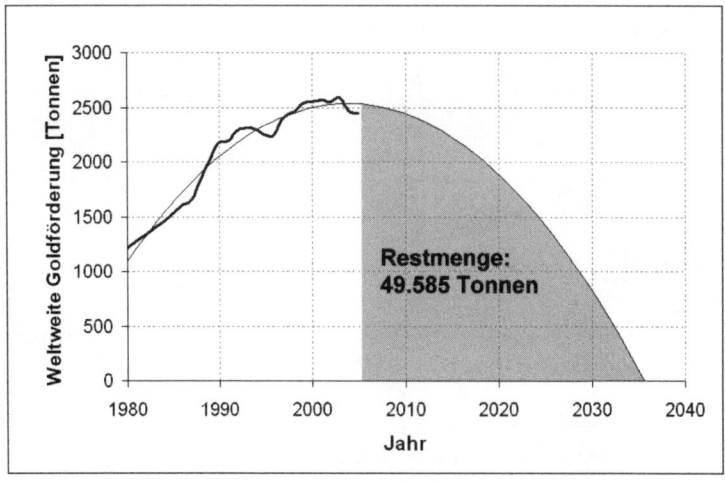

Abbildung 1.8.: Goldförderung 1980 bis 2005 sowie möglicher, prognostizierter zukünftiger Verlauf der Kurve. Die Restmenge des weltweit förderbaren Goldes würde demnach noch rund 50.000 Tonnen betragen.

Nach diesem Modell könnten die Hauptreserven in drei Jahrzehnten nahezu aufgebraucht sein. Ich spreche deshalb von Hauptreserven, weil es sicherlich noch länger Minen geben wird, die dann immer noch Gold fördern werden, jedoch vermutlich nur unter sehr hohem technischen Aufwand und finanziellen Investitionen und nicht in der heutigen Größenordnung. Die Ära des kostengünstig förderbaren Gold und Silbers wird dann jedoch der Vergangenheit angehören, und der Preis wird den höheren Aufwand der Minenbetreiber widerspiegeln müssen. Die gesamte Neuproduktion wird jedoch – genau wie beim Öl – drastisch gesunken sein und mit der dann noch immer steigenden Nachfrage keineswegs mehr schritthalten können. Ich überlasse es Ihrer Phantasie, sich auszumalen, was dies für die Wertigkeit beziehungsweise Kaufkraft von Gold und Silber bedeuten wird.

Bei Silber ergibt die Auswertung der statistischen Zahlen das folgende Bild:

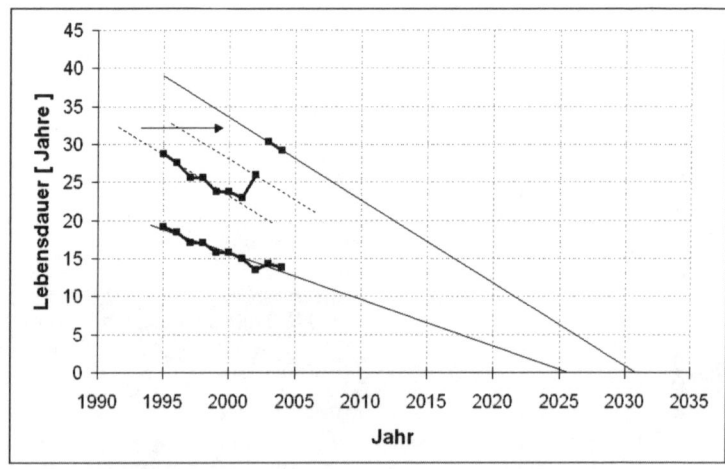

Abbildung 1.9.: Lebensdauer der Reserven und Ressourcen von Silber. Quelle: U.S. Geological Survey [1.34]

Für die Reserven ergibt sich eine restliche Lebensdauer von 21 Jahren bis ins Jahr 2026, für die Ressourcen eine Lebensdauer bis 2031

[1.35]. Ressourcen sind bekannte Vorkommen, die derzeit jedoch ökonomisch nicht abgebaut werden können, da zum Beispiel die Silberkonzentration in den Erzen zu niedrig ist.

Um es noch einmal zu wiederholen: Das große Bild sieht also so aus, daß bis in wenigen Jahren die Minen-Neuproduktion von Gold und Silber merklich zurückgegangen sein wird. Sie fragen sich nun zurecht, warum Gold und Silber bei den bisher genannten Fakten nicht schon längst wesentlich teurer ist beziehungsweise nicht zumindest wieder die alten nominellen Höchststände aus dem Jahr 1980 erreichen konnte. Alle sogenannten Basismetalle (Kupfer, Zink, Nickel etc.) stiegen in den vergangenen Jahren prozentual wesentlich stärker als die Edelmetalle. Der Grund hierfür ist, daß Gold und Silber wie bereits erwähnt »politische Metalle« sind, die nicht steigen dürfen, zumindest nicht schnell steigen dürfen. Daß sie es seit 2001 dennoch wieder tun, spricht nur für die These, daß den Staaten die Munition für ihre Preismanipulationen ausgeht und man sich hinter vorgehaltener Hand auf einen kontrollierten Preisanstieg einigen mußte.

Kapitel 6
Preismanipulationen

Das Thema der Goldpreis-Manipulation ist sehr umfangreich und füllte schon mehrere Bücher. Im Rahmen dieser Abhandlung sollen daher nur einige Stichpunkte genannt werden, um zu erläutern, wie der Preis von Gold und Silber so lange unterbewertet bleiben konnte. Erst im Jahr 2001 war eine nachhaltige Trendumkehr möglich.

Es ist gängiges Wissen, daß die Regierungen und Zentralbanken den Goldpreis nach unten manipulieren. Wie zuvor erläutert, ist Gold hauptsächlich ein politisches Metall, da es früher den Politikern die Hände band. Trotz der Kündigung des Goldstandards ist das gelbe Metall jedoch heute noch die Sicherheit der höchsten Instanz, sprich: Schutz vor Inflation. Ein steigender Goldpreis oder noch schlimmer, ein stark steigender Goldpreis hätte also die eigentliche Aussage, daß das Vertrauen in das Papiergeldsystem schwindet. Käme dieser Stein erstmal ins Rollen, gäbe es wohl kein Halten mehr.

Die Zentralbanken haben daher seit den 1960er Jahren immer wieder versucht, den Goldpreis in Grenzen zu halten. Zunächst wurde der Gold-Pool gegründet, um den Preis bei 35 Dollar je Feinunze zu halten.

Im Jahr 1968 jedoch hatten die sieben Zentralbanken dieses Pools soviel Gold bei Stützungsverkäufen verloren, daß das Kartell auseinanderbrach und Frankreich Kriegsschiffe in die USA entsandte, um Papier-Dollar gegen Gold einzutauschen.

In den 1970er Jahren begann der Handel mit Futures und Optionen an der New Yorker Commodity Exchange (COMEX), was sich bis in unsere heutige Zeit hinein als effektives Mittel erwies, die Preise zu manipulieren, da nun wesentlich mehr Gold gehandelt werden konnte als überhaupt in unserer realen Welt vorhanden war. Im Buch »Generation Gold« schrieb ich:
»Sie ahnen nun vielleicht schon, warum der Goldpreis nach dem Hoch von 850 Dollar pro Unze bis auf 260 Dollar Ende

der 1990er Jahre absank: Die Politiker wollten keinen hohen Goldpreis, um ihr ungedecktes Papiergeldsystem nicht zu gefährden, und die Banken, weil sie damit ohne großes Risiko glänzende Gewinne erwirtschaften konnten. Mit anderen Worten: Politiker, Zentral- und Geschäftsbanken saßen und sitzen im selben Boot und ruderten vereint in die gleiche Richtung, nämlich der des Unterganges von Gold.«

Als nächstes kamen geschäftstüchtige Zentralbanker auf die Idee, das nutz- und zinslos herumliegende Gold gegen einen niedrigen Zinssatz von typischerweise zwischen 1 und 2 % pro Jahr (der sogenannten »Gold leasing rate«) an Banken zu verleihen. Diese verkauften es sofort am Markt und liehen das Geld an Minenbetreiber zu einem Zinssatz von zirka 3 bis 4 % – scheinbar für jeden ein gutes Geschäft. Die Zentralbanken konnten durch das Verleihen einen zusätzlichen Ertrag für ihr Gold erwirtschaften, die vermittelnden Geschäftsbanken hatten ihre Provision aus der Zinsdifferenz, und die Minen kamen an günstige Kredite und konnten gleichzeitig ihre Produktion gegen fallende Goldpreise absichern.

Bei näherer Betrachtung erweisen sich diese Goldleihgeschäfte der Zentralbanken jedoch als sehr fragwürdig. Dadurch, daß die Banken das geliehene Gold sofort verkauften, erhöhte sich natürlich das Angebot am Markt und drückte tendenziell den Preis. Die Reserven der Zentralbanken wurden also durch ihre Leihgeschäfte immer weniger wert und demzufolge fielen auch die Zinseinnahmen. Die Minen wiederum wurden durch das relativ billige Geld dazu verführt, auch unrentable oder unsichere Projekte zu beginnen. Weiterhin erzielten sie durch die sinkenden Preise weniger Erlöse für ihre aktuelle Produktion und waren daher gezwungen, ihre höherwertigen Erze im Umfeld sinkender Preise auszubeuten. Aufgrund der zuvor besprochenen Fakten von Angebot und Nachfrage ist es zudem sehr unwahrscheinlich, daß die Zentralbanken ihr verliehenes Gold jemals wieder in vollem Umfang zurückerhalten werden.

Das amerikanische Gold Anti-Trust Action Committee (GATA) unter ihrem Vorsitzenden Bill Murphy sammelt seit Jahren Beweise für die Goldleihgeschäfte und Manipulationen der Zentralbanken. GATA schätzt, daß heimlich zwischen 16.000 und 20.000 Tonnen Gold von den Zentralbanken verliehen wurden. Dies bedeutet, daß die Zentralbanken in Wirklichkeit weniger als die Hälfte des Goldes besitzen, das sie angeben zu haben.

Ed Werner von GATA veröffentlichte im Mai 2005 zudem eine Studie, die belegte, daß westliche Zentralbanken tendenziell eher Gold verkaufen und östliche beziehungsweise südamerikanische Zentralbanken eher Gold kaufen. Nicht nur, daß westliche Arbeitsplätze gen Osten wandern, unser Gold wandert ebenfalls in diese Richtung. Historische Machtblöcke verschieben sich vor unseren Augen.

Im Jahr 2004 unterzeichneten 15 europäische Zentralbanken das »Washingtoner Agreement«, in dem sie öffentlich bestätigten, bis 2009 gemeinschaftlich abgestimmt bis zu 500 Tonnen Gold pro Jahr verkaufen zu dürfen. Im Jahr 2004 wurden innerhalb dieses Abkommens 517 Tonnen verkauft, im Jahr 2005 noch 393 Tonnen, in 2006 jedoch nur noch 94 Tonnen. Es wird zudem vermutet, daß eine Zentralbank dieses Abkommens sogar neues Gold wieder angekauft hat [1.36]. Die sinkenden Zahlen der Zentralbankverkäufe sprechen jedoch auch so schon für sich. Zudem ist es immer wieder interessant zu sehen, daß nur die Verkäufe öffentlich bekanntgegeben werden, nie jedoch, wer dieses Gold kauft.

Einsamer Spitzenreiter dieser fragwürdigen Praxis ist die Bank of England, die 1999 unter dem Finanzminister Gordon Brown nach Vorankündigung das Kunststück vollbrachte, zu einem Tiefstpreis von zirka 260 Dollar je Unze Gold zu verkaufen, kurz bevor der Goldpreis wieder in einen Bullenmarkt überging, der ihn bislang bis Mai 2006 auf 730 Dollar je Unze führten sollte.

Für weitere Studien zum Thema Gold-Manipulationen empfehle ich Ihnen das Standardwerk »Die Goldverschwörung« von Ferdinand Lips aus dem Kopp-Verlag.

Im Gegensatz zu Gold wird Silber ausschließlich durch Papierkontrakte am Future-Markt manipuliert. Allein die Umsatzvolumina des reellen Marktes auf der einen und des virtuellen Papiersilbermarktes auf der anderen Seite sprechen eine deutliche Sprache für diese These.

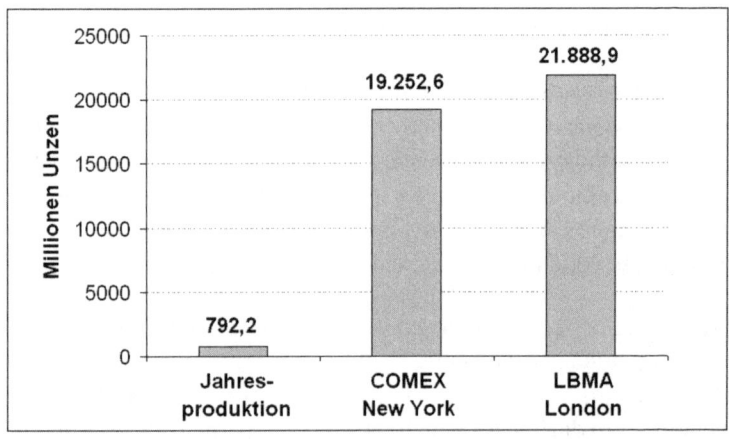

Abbildung 1.10.:
Silber-Handelsvolumen im Jahr 2002 an der Comex New York
und an der LBMA in London
im Vergleich zum physischen Markt [1.37]

Das Papiersilber übertraf in 2002 mit 41.142 Millionen Unzen den physischen, reellen Markt mit 792,2 Millionen Unzen um den Faktor 52. Dabei werden große Mengen an Silber »leer verkauft«, das heißt, kommerzielle Marktteilnehmer verkaufen Silber, welches sie gar nicht besitzen, zumeist an Hedge-Fonds, die es physisch auch gar nicht besitzen möchten. Und obwohl dieses Silber gar nicht real existiert, drückt dessen Angebot auf den Preis.

Der Amerikaner Ted Butler schreibt seit Jahren in einer sehr interessanten Kolumne für die Firma Investment Rarities über diese Marktmanipulationen [1.38]. Übersetzungen dieser Artikel auf Deutsch finden Sie auf goldseiten.de [1.39].

Reinhard Deutsch beschreibt in seinem Buch »Das Silberkomplott« sehr anschaulich und informativ, warum zunächst Silber als Geld abgeschafft werden mußte, um letztendlich beim legalen Falschgeld landen zu können, von dem die Zentralbanken im Gegensatz zu Edelmetallen beliebige Mengen herstellen können und dürfen.

Die hier in aller Kürze beschriebenen Preismanipulationen von Gold und Silber geben Ihnen heute noch immer die Möglichkeit, billig in die sicherste Anlageklasse zu investieren, die die Menschheit seit Tausenden von Jahren kennt. Auch die historischen Preisvergleiche mit Aktien oder Öl oder die Preisvergleiche hinsichtlich geologischem Vorkommen auf der Erde zeigen auf, daß Gold und Silber nach wie vor unterbewertet sind.

Die kommenden Jahre bis zum nächsten Staatsbankrott – und damit bis zur nächsten Währungsentwertung – werden darüber entscheiden, ob Ihre bisherige Lebensarbeit weitestgehend umsonst war oder nicht. Aufgrund der beschriebenen exponentiellen Effekte kann rein mathematisch keine andere Schlußfolgerung logisch sein.

Kapitel 7
Geringe Marktkapitalisierungen von Gold und Silber

Zum Schluß dieses einführenden Kapitels möchte ich noch die »Marktenge« von Gold und Silber kurz thematisieren.

Die Marktkapitalisierung einer Aktie berechnet man ganz einfach aus der Anzahl der ausgegebenen Aktien mal deren Kurswert pro Aktie. Eine Aktiengesellschaft A, die 10 Aktien ausgegeben hat, die 10 Euro an der Börse kosten, hat also eine Marktkapitalisierung von 100 Euro. Spricht man von der Marktkapitalisierung eines ganzen Börsenindexes, zum Beispiel des deutschen DAX, so wird die Kapitalisierung aller im Index enthaltenen Unternehmen einfach aufaddiert. Für den amerikanischen S&P 500 Index ergibt sich somit eine Kapitalisierung von zirka 10.000 Milliarden US-Dollar. Der deutsche Aktienindex DAX besitzt eine Marktkapitalisierung von 735 Milliarden US-Dollar.

Die jährliche Goldproduktion von zirka 2.450 Tonnen hingegen hat bei einem Unzenpreis von 600 Dollar einen Wert von lediglich zirka 47 Milliarden Dollar. Die Marktkapitalisierung der jährlichen Silberproduktion von zirka 635 Millionen Unzen beträgt sogar nur zirka 7,6 Milliarden Dollar, das heißt 6mal weniger als die von Gold.

Optisch kann man diese Größen mit Quadraten wie folgt veranschaulichen, das Quadrat für Silber wäre so klein, daß wir auf dessen Darstellung verzichten wollen.

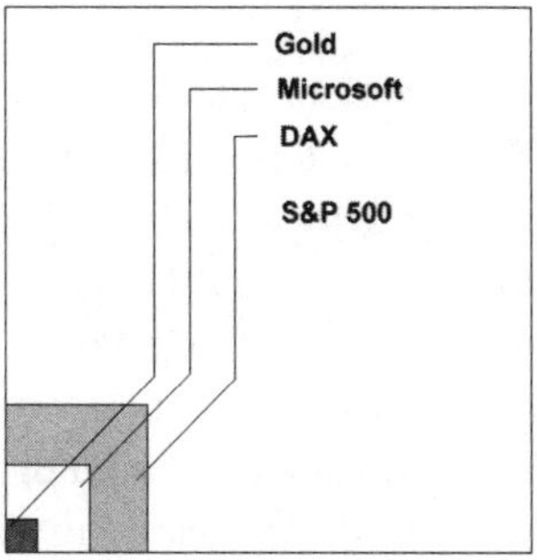

Abbildung 1.11.:
Größenvergleich der Marktkapitalisierung von S&P500, Dax, Microsoft und jährlicher Goldförderung

Das große Quadrat entspricht der Marktkapitalisierung des S&P 500-Indexes, das kleine Quadrat links unten repräsentiert die Größe des Goldmarktes im maßstäblichen Vergleich. Lediglich 0,5 % des S&P-Indexes könnten demnach die gesamte Goldproduktion eines Jahres aufkaufen. Oder anders ausgedrückt: Sollten nur 0,5 % der Besitzer von S&P-Aktien sich entschließen, ihr Kapital in Gold umzuschichten, wäre eine ganze Jahresproduktion vom Markt verschwunden. Für eine komplette Jahresproduktion Silber würden gar nur 0,08 % des S&P reichen.

Diese Zahlen belegen auch eindrucksvoll, wie stark die vorhandenen Vermögen (= Schulden) gewachsen sind, seit das Geld vom Gold gelöst wurde. In Zeiten eines zu 100 % goldgedeckten Geldes würde der nominelle Wert aller kummulierten Vermögen (Aktien, Häuser, Sparkonten etc.) theoretisch auch dem nominellen Wert des Goldmarktes entspechen. Daß heute bereits ein halbes Prozent des amerikanischen S&P reicht, um eine Jahresweltproduktion Gold zu kaufen, zeigt, wieviel Geld und gleichzeitig wie wenig Gold weltweit in Umlauf ist.

Werden in Zukunft die Papierwährungen versagen oder durch die hohe Inflation weiter entwertet, so ist in der Tat davon auszugehen, daß immer mehr Investoren ihr Kapital in die sicheren Häfen Gold und Silber umschichten werden. Welch enormen Druck dies auf den kleinen Edelmetallmarkt haben wird, können sie aus obiger Darstellung ermessen. Sollten zum Beispiel 50 % des Kapitals des S&P- und des DAX-Indexes in Gold wechseln wollen, so müßte der Unzenpreis auf rund 68.100 Dollar steigen.

Daher spricht man also von einer Marktenge der Edelmetalle. Je mehr Kapital in diesen kleinen Markt fließt, um so höher wird der Preis steigen. Dies ist auch nach wie vor ein entscheidender Grund für die Regierungen, Gold in der Öffentlichkeit permanent schlecht zu reden. Würden zu viele Menschen in Gold investieren, könnte der Preis nicht mehr kontrolliert werden und explosionsartig steigen – mit verheerenden Folgen für die gesamte Weltwirtschaft. Daß alle politischen Maßnahmen nur ein Hinauszögern dieses Endszenarios bewirken können, erscheint nun klar. In einem persönlichen Gespräch mit einem bekannten Goldhändler wurde mir berichtet, daß hochrangige Politiker bei ihm Barren kaufen würden. Dem Volke fortlaufend Wasser predigen und selber den Wein der Erkenntnis trinken ...

Kapitel 8
Zusammenfassung des ersten Teils

Im Zuge des Vietnam-Krieges inflationierten die Amerikaner ihren Dollar immer mehr, so daß im August 1971 die Golddeckung des Dollars von Präsident Nixon einseitig aufgehoben wurde. Seit dieser Zeit lebt die Welt in einem vollständigen Kreditgeldsystem, das heißt, Geld wird aus dem Nichts geschöpft (fiat money, legales Falschgeld).

Da dieses Kreditgeld nur gegen die Zahlung eines Zinses erschaffen wird, besteht eine permanente Unterdeckung der Geldmenge (»es ist nie genug Geld da«, siehe Insel-Beispiel). Diese wiederum führt zum Zwang, immer mehr und immer schneller *neues* Geld zu erzeugen, um die Schuld des *alten* Geldes bedienen zu können. Dies wird zum Beispiel bei der Verschuldung der westlichen Wohlfahrtsstaaten deutlich. Die mathematische Funktion dieser Entwicklung ist aufgrund des Zinseszins-Effektes exponentieller Natur und trägt damit ihr Ende wie die Kettenreaktion einer Atombombe bereits in sich. Die umlaufenden Geldforderungen heben sich immer mehr von der realen Wirtschaft ab (seit 1971 40faches Geldmengenwachstum, jedoch nur 4faches Wirtschaftswachstum). Es muß daher zwangsläufig in regelmäßigen Abständen, zumindest alle zwei Generationen, zu einer Kaufkraftentwertung von Vermögen und Schulden kommen: Inflation, Krieg, Währungsreform, Staatsbankrott. Unsere heutige Generation ist die zweite.

Gold und Silber als Warengeld wirken grundsätzlich wie eine Versicherung gegen Kreditgeld. Da Edelmetalle auch nie wertlos werden, ist diese Versicherung sogar noch kostenlos und kann später Ihrem familiären Einmachglas gute Dienste leisten. Mit anderen Worten: Physisches Gold und Silber sind ein kostenloser Schutz vor Inflation.

Die Schere von wachsender Nachfrage und sinkendem Angebot wird sich in Zukunft weiter öffnen. Die geologischen Vorkommen von effektiv zu gewinnendem Gold und Silber dürften in wenigen Jahren zu Ende gehen. Bereits Anfang 2007 meldete das Münchner Handelshaus pro aurum, daß der Sekundärmarkt an gängigen Münzen seit 2005 austrocknen würde und viele Gattungen nur noch prägefrisch aus dem Primärmarkt (das heißt direkt von den staatlichen Prägeanstalten) erhältlich seien [1.40]. Will heißen: Diejenigen, die heute Gold- und Silbermünzen haben, geben diese nicht mehr her. Neue gibt es nur noch von den Herstellern zu kaufen – weiteres Zeichen eines immer enger werdenden Marktes.

Dennoch sind Edelmetalle durch die Manipulationen von Zentralbanken und staatlich erwünschten (und damit geduldeten, teilweise auch gedeckten) Börsenspekulanten im historischen Kontext noch immer billig. Aufgrund der äußerst geringen Marktkapitalisierung von Gold und Silber müssen die nominellen Preise weiter stark steigen, wenn mehr und mehr Menschen ihr Kapital von Kreditgeld-Anlagen jedwelcher Form in Edelmetalle konvertieren.

Quellenangaben

[1.1] http://de.wikipedia.org/wiki/Richard_Nixon
[1.2] www.kitco.com/LFgif/au1980D.gif
[1.3] www.silverinstitute.org/price/hist_priceuk.php
[1.4] www.minneapolisfed.org/Research/data/us/calc/
[1.5] www.kitco.com/gold.londonfix.html
[1.6] www.spiegel.de/wirtschaft/0,1518,457129,00.html
[1.7] http://boerse.ard.de/content.jsp?key=dokument_204390&go=Ausblick_2007
[1.8] Ferdinand Lips: »Die Goldverschwörung«, Kopp-Verlag Rottenburg
[1.9] http://de.wikipedia.org/wiki/Fiat_money
[1.10] Jürgen Müller: »Generation Gold«, Kopp-Verlag Rottenburg, S. 49 ff.
[1.11] Bernd Senf: »Der Nebel um das Geld«, Verlag für Sozial-Ökonomie
[1.12] www.politikforum.de/forum/showthread.php?threadid=29491
[1.13] Peter Böhringer, www.rohstoff-spiegel.de/count.php?url=rs_2007-1.pdf, Seite 13
[1.14] www.destatis.de/indicators/d/lrfin03ad.htm
[1.15] Oswald Metzger: »Einspruch! Wider den organisierten Staatsbankrott«, Goldmann-Verlag 2004, S. 169
[1.16] http://kolloq.destatis.de/2005/schwarz.pdf, Seite 4. Das deutsche Bruttosozialprodukt betrug im Jahr 2004 2.197 Milliarden Euro. Schwarz gibt die gesamte Staatsschuld mit 330 % des BIPs an, das heißt 2197 Milliarden Euro mal 4,3 = 9.450 Milliarden. Da die explizite Staatsschuld mit 1.450 Milliarden Euro angegeben wurde, errechnet sich die implizite Staatsschuld zu 8.000 Milliarden Euro.
[1.17] Sozialminister Müntefering im März 2006: »Da kann man Balalaika spielen oder Lotto, man kann aber auch eine Riester-Rente abschließen.«
[1.18] www.minneapolisfed.org/research/QR/QR1931.pdf
[1.19] Oussama Himani, Andreas Höfert, Achim Peijan: »Inflation: Eine Studie zu deren Ursachen zum globalen Inflationsausblick und den Implikationen für Anleger«.
Im Internet: www.e-fundresearch.com/tmp/UBS+Research+Focus+INLFATION.pdf
[1.20] G.Edward Griffin: »Die Kreatur von Jekyll Island«, Kopp-Verlag Rottenburg, 2006
[1.21] www.goldseiten.de/content/diverses/artikel.php?storyid=3771
[1.22] www.wahre-inflation.de
[1.23] http://en.wikipedia.org/wiki/Image:Inflation-1923.jpg
[1.24] www.kfz-tech.de/VW.htm
[1.25] http://www.gfms.co.uk
[1.26] www.goldseiten.de/content/kolumnen/download/bwb-267_silber.pdf
[1.27] www.investmentrarities.com/12-21-04.html
[1.28] www.gold-eagle.com/editorials_05/mcdougal011905.html
[1.29] www.silverinstitute.org/news/pr11jan05.html
[1.30] Dietmar Siebholz: »Die aktuelle Lage am Silbermarkt«, 25.1.2005.
www.goldseiten.de/content/diverses/artikel.php?storyid=750
[1.31] www.handelsblatt.com/pshb?fn=tt&sfn=go&id=1028986
[1.32] www.nymex.com/sil_fut_wareho.aspx
[1.33] http://minerals.usgs.gov/minerals/pubs/of01-006/gold.xls
[1.34] http://minerals.usgs.gov/minerals/pubs/commodity/silver/
[1.35] www.goldseiten.de/content/diverses/artikel.php?storyid=885
[1.36] www.321gold.com/editorials/phillips/phillips010207.html

[1.37] www.goldseiten.de/content/kolumnen/artikel.php?storyid=601; CPM Silver Survey 2003
[1.38] www.butlerresearch.com/archive_free.html
[1.39] www.goldseiten.de/content/kolumnen/autoren.php?uid=54
[1.40] Robert Hartmann, pro aurum, München,
www.goldseiten.de/content/marktberichte/marktberichte.php?storyid=3716

Teil 2
Anlagekategorien

Kapitel 9
Übersicht

Nachdem wir im ersten Teil nochmals die wichtigsten Fakten zusammengetragen haben, warum Sie in Gold und Silber investieren sollten, wenden wir uns nun dem eigentlichen Thema dieses Buches zu. Und zwar wie Sie *konkret* in der Praxis in Edelmetalle investieren können. Alles Wissen dieser Welt nützt schließlich nichts, wenn es nicht angewendet und umgesetzt wird.

Wir wollen uns dabei auf die beiden Metalle mit dem weitaus größten Handelsvolumen beschränken, also Gold und Silber. Die Edelmetalle Palladium und Platin spielen zwar in der Industrie ebenso eine Rolle wie Silber, jedoch sind die Anwendungsfelder wesentlich beschränkter. Zumeist werden diese Metalle nur in der Automobilindustrie in Abgas-Katalysatoren verwendet. Will man also auf die industrielle Verwendung setzen, so sollte man mit Silber wegen seiner mannigfaltigen technischen und biologischen Anwendungen besser beraten sein, als mit den Platinmetallen. Zudem sollen die geologischen Reserven dieser Metalle nach den Statistiken des US Geological Survey noch für 200 Jahre reichen [2.1] und damit weitaus länger als die für Silber. Die weiteren Edelmetalle Rhodium, Iridium, Ruthenium, Osmium, Rhenium und Quecksilber haben keinerlei Bedeutung für die Kapitalanlage [2.2]. Einzig für das chemisch elfte Edelmetall Kupfer gibt es natürlich einen Markt, da dieses heute mehr als Industriemetall, denn als Edelmetall bekannt ist und daher auch als Halbedelmetall bezeichnet wird [2.3].

Mit der nachfolgenden Übersicht definieren wir fünf Kategorien, wie ein Investment in Gold und Silber erfolgen kann. Nach deren grundsätzlicher Vorstellung sowie der Erörterung der Vor- und Nachteile möchte ich Ihnen auch Hinweise auf eine mögliche Aufteilung innerhalb dieser Kategorien geben. Dies wird uns zu einer wichtigen dreigeteilten Pyramide mit den Stufen Versicherung, Investment und Spekulation führen. Ich werde zudem versuchen zu erörtern, welcher Prozentsatz des Gesamtvermögens in Edelmetalle investiert werden sollte. Da hierfür die Einzelsituation beziehungsweise ihr persönliches wirtschaftliches Gesamtumfeld entscheidende Bedeutung haben, können innerhalb dieses Buches natürlich nur allgemeingültige Thesen formuliert, aufgestellt und begründet werden.

Die fünf Kategorien sind:
1. *Physische reale Edelmetalle*
2. *Papiere mit voller physischer Hinterlegung*
3. *Papiere mit teilweise physischer Hinterlegung*
4. *Ungedeckte Papiere*
5. *Aktien und Aktienfonds*

Alle Produkte am Markt lassen sich diesen Hauptkategorien, wie auf der nebenstehenden Grafik verdeutlicht, zuordnen.

Grundsätzlich sei schon jetzt angemerkt, daß sich die Sicherheit der Anlagekategorien von links nach rechts verringert, das heißt, die physischen Münzen und Barren verkörpern die höchstmögliche Sicherheit, Papiergold/-silber und Aktien das höchste Risiko. Andersherum erhöhen sich jedoch die Rendite-Chancen auch von links nach rechts. Speziell gehebelte Papiere bieten ein weitaus höheres Gewinnpotential, so man den Trend richtig eingeschätzt hat. Ein konservativer Anleger, der Edelmetalle als reine Versicherung sieht, sollte sich also nicht allzuweit nach rechts wagen, ein Zocker und Spieler, der nur Rendite sehen will, nicht allzusehr nach links.

Kapitel 10
Physisches Investment

10.1. Münzen
10.1.1. Grundlagen
Bei Münzen unterscheidet man grundsätzlich zwischen Kapitalanlagemünzen (»Bullion Coins«) und numismatischen Münzen, sprich Sammlermünzen. Der Ausdruck »Bullion Coin« heißt wörtlich übersetzt »Barrenmünze«, Professor Bocker übersetzte in seinem Gold-Dossier den Ausdruck bildlicher in »Metallwertmünzen« [2.4].

Edelmetall-Anlage

Physisch	Papiere mit voller physischer Hinterlegung	Papiere mit teilweiser physischer Hinterlegung	Reines Papiergold/ Papiersilber	Aktien/ Aktienfonds
• Kapitalanlagemünzen • Barren • Numismatik • Schmuck • Kunst	• Exchanche Traded Funds (ETFs) • Metallkonten • Einkaufsgemeinschaften	• Aktienfonds mit teilweise physischer Hinterlegung • Lebensversicherung mit Silberdeckung	• Zertifikate • Goldanleihen • Optionen • Optionsscheine	• Minenaktien • Edelmetall-Minenfonds • Rohstoffonds
Kapitel 10 (ab S. 62) Kapitel 19 – 22 (ab S. 163)	Kapitel 11 (ab S. 101)	Kapitel 12 (ab S. 109)	Kapitel 13 (ab S. 113)	Kapitel 14 (ab S. 123) Kapitel 15 (ab S. 137)

Abbildung 2.1.:
Abgrenzung der fünf Anlagekategorien

Bei diesen Anlagemünzen sind also die Motive, die Auflage oder das Prägejahr der Münzen nicht von primärem Interesse. Es geht einzig um den Preis und die Menge an Gold oder Silber, die der Investor erwirbt. Der Zweck dieser Münzen ist also nicht die Verwendung als Zahlungsmittel, sondern rein als Geldanlage. Dennoch haben auch diese Münzen zumeist einen eingeprägten Nennwert und sind damit in der Theorie in ihrem Herkunftsland offizielles Zahlungsmittel. Die Spanne der Nennwerte reicht von einem südafrikanischen Rand (derzeit rund 0,1 Euro) bis zu 100 Pfund für die englische Britannia-Goldmünze, derzeit zirka 150 Euro.

Die erste Bullionmünze war der südafrikanische Krügerrand. Er wurde erstmals im Juli 1967 geprägt und erhielt seinen Namen vom ersten Präsidenten des Burenstaates Transvaal, Paul Kruger [2.5], sowie der südafrikanischen Währung Rand. Diese wiederum hat ihren Namen von der geographischen Bezeichnung Witwatersrand [2.6], dem Ballungsgebiet zwischen Pretoria und Johannesburg, in dem im ausgehenden 19. Jahrhundert das erste Gold gefunden wurde. Die Südafrikaner als historische Goldnation brachten also mit Abstand den größten Weitblick auf, als es darum ging, die Anlagemöglichkeiten für Gold zu erweitern. Erst 1979 folgte mit dem kanadischen Maple Leaf (Ahornblatt) die zweite Anlagemünze. Noch heute ist der Krugerrand, der nur im deutschsprachigen Raum »Krügerrand« genannt wird (Kruger war Nachkomme deutscher Auswanderer), mit zirka 50 % Marktanteil die bekannteste und weitverbreiteste Münze [2.7]. Ein Vorteil, der in wirtschaftlichen Krisenzeiten sehr wichtig werden könnte.

10.1.2. Mehrwertsteuer auf Münzen

Gold-Anlagemünzen sind im gesamten deutschsprachigen Raum von der Umsatzsteuer befreit (Europäische Richtlinie 77/388/EWG vom 17. Mai 1977, geändert durch die Richtlinie 98/80/EG vom 12. Oktober 1998; Bekanntgabe der Liste der von der Umsatzsteuer befreiten Anlagemünzen gemäß Art. 26b Buchstabe A Ziffer ii im Amtsblatt der Europäischen Union unter ABL. EU 2005 Nr. C 300 S. 10 [2.8], §25c UStG). Weitere Informationen finden Sie im Internet unter Referenz [2.9].

Die bekannten Silber-Anlagemünzen sind in Deutschland mit einer reduzierten Umsatzsteuer von 7 % belegt. Dieser Steuersatz wurde durch die Mehrwertsteuererhöhung zum 01.01.2007 nicht verändert, das heißt bestand schon vor diesem Tag in dieser Höhe. Das Bundesfinanzministerium gibt jährlich eine Liste der Münzen heraus, die mit dem reduzierten Satz besteuert werden. Für weitere Informationen gehen Sie bitte auf die Homepage www.bundesfinanzministerium.de und geben oben rechts als Suchbegriff »Silbermünzen« ein.

In Österreich werden Silbermünzen generell mit 20 % besteuert. Eine Ausnahme stellen nur zum Beispiel Gedenkmünzen dar, wenn deren Silberwert nicht höher als 120 % über dem Nennwert der Münze liegt. In diesem Fall fällt ein reduzierter Satz von 10 % an. In der Schweiz werden Münzen wie Barren generell mit dem normalen Satz von 7,6 % besteuert (Angaben laut pro aurum, München).

10.1.3. Die Feinunze

Nachdem der Krügerrand zu Beginn nur mit einem Gold-Feingewicht von einer Unze [2.10] geprägt wurde, gab es später auch kleinere Gewichtseinheiten:

1 Unze	31,1035 Gramm
$1/_2$ Unze	15,5518 Gramm
$1/_4$ Unze	7,7759 Gramm
$1/_{10}$ Unze	3,1104 Gramm
$1/_{20}$ Unze	1,5552 Gramm*

(nur teilweise, zum Beispiel australische Känguruh-Münze)

Der Begriff Unze leitet sich aus dem lateinischen von Uncia (= ein Zwölftel) ab und stellt ein angloamerikanisches Maßsystem dar. Die gewöhnliche Unze wird häufig bei Lebensmitteln benutzt und beträgt umgerechnet zirka 28,34 Gramm. Die Feinunze hingegen ist das Maß für Edelmetalle. Sie wird auch »Troy-Unze« genannt; benannt nach der französischen Stadt Troyes, die ab dem 12. Jahrhundert ein bedeutendes Handelszentrum war. Eine Feinunze entspricht 31,1034768 Gramm. Die hier im Buch genannten Unzen entsprechen natürlich immer einer Feinunze.

10.1.4. Aufgeld und Handelsspanne bei Münzen

Das Aufgeld repräsentiert den Anteil am Kaufpreis der Münze, der über den reinen Materialwert der Münze hinausgeht. Dieser ergibt sich aus den Kosten für Versand und Versicherung des ursprünglichen Materials, Schmelzkosten, Prägekosten, Versand zum Distributor und Provisionen der beteiligten Händler. Je höher diese Kosten also im Verhältnis zum Materialwert sind, um so höher ist auch das prozentuale Aufgeld.

Grundsätzlich muß beachtet werden, daß das Aufgeld prozentual höher wird, je kleiner die Einheit ist. Dies gilt übrigens nicht nur für Münzen, sondern auch für Barren. Das Aufgeld bei Silbermünzen oder Silberbarren ist prozentual wesentlich höher, als das für Gold, da der Anteil der absoluten Kosten im Vergleich zum Wert des Barrens sehr hoch ist.

Am Beispiel der australischen Känguruh-Goldmünze soll gezeigt werden, wie sich das Aufgeld zur Größe der Münze verhält.

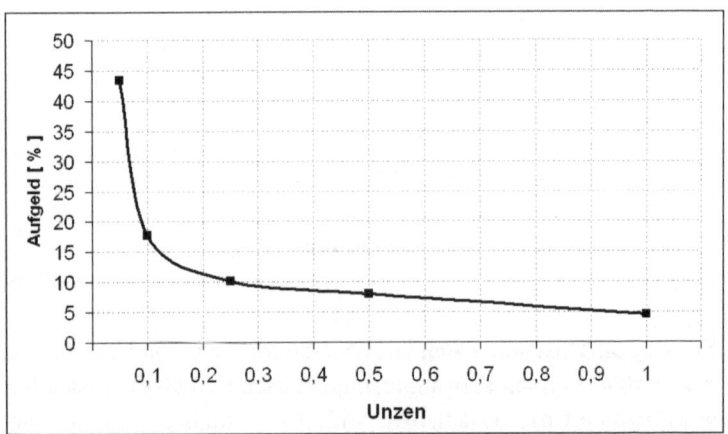

Abbildung 2.2.: Prozentuales Aufgeld der Känguruh-Goldmünze in Abhängigkeit von ihrer Größe

Demnach empfiehlt es sich also, Unzen-Münzen zu erwerben. Anstelle von kleinen Goldmünzen empfehle ich grundsätzlich eher Silbermünzen zu einer Unze. Ich komme auf diesen wichtigen Punkt jedoch noch zurück. Auch wo und wie Sie Münzen und Barren generell erwerben können, wollen wir später noch erörtern.

Bereits Ende 2006 vermeldete Martin Siegel von der Edelmetallhandelsfirma Westgold [2.11], daß der Markt für Goldmünzen leergefegt sei [2.12]. Anfang 2007 berichtete Robert Hartmann vom Münchener Händler pro aurum [2.13] ebenfalls, daß die Aufgelder für physische Ware tendenziell steigen würden [2.14]. Als Begründung wurde angeführt, daß seit 2005 mehr Kapitalanlagemünzen nachgefragt werden, als auf der anderen Seite auf den Markt kommen. Der Markt könne demnach nur durch den Primärmarkt bedient werden, das heißt durch frisch geprägte Münzen der aktuellen Jahrgänge. Ich vermute, ebenso wie pro aurum, daß diese Tendenz auch in Zukunft weiterbestehen bleibt. Die Tragweite dieser Nachrichten sollte nicht unterschätzen werden. Der Sekundärmarkt älterer Münzen kommt zum Erliegen, was bedeutet, daß die Hortung von Anlagemünzen in der Bevölkerung, in Erwartung einer kommenden Krise, zunimmt.

Da bekanntlich nichts im Leben umsonst ist, ist auch beim Verkauf von Münzen eine kleine Gebühr zu entrichten. Bezahlt man – wie besprochen – beim Kauf das Aufgeld auf den Materialwert oben drauf, bekommt man beim Verkauf seiner Münzen ein »Abgeld« vom eigentlichen Materialwert der Münze abgezogen. Die Differenz zwischen Auf- und Abgeld bezeichnet man neudeutsch als »Spread«. Sie definiert also im Grunde die Handelsspanne zwischen Ver- und Ankauf von Münzen oder Barren.

Diese Handelsspanne für Münzen ist derzeit jedoch noch nahezu zu 100 % vom Aufgeld bestimmt. Beim Verkauf dieser Münzen erhält man also in der Regel einen Preis, der nahe am Spotpreis liegen sollte, das heißt nahe am eigentlichen Metallwert.

Wird – wie oben beschrieben – der Markt in Zukunft so eng, daß die Nachfrage das Angebot übersteigt, könnten theoretisch Anlagemünzen wie Sammlermünzen im Preis sogar über den Materialwert der Münze hinaus steigen.

10.1.5. Reinheit von Münzen

Die Feinheit beziehungsweise Reinheit der Münzen wird in Karat ausgedrückt, abgekürzt »kt«. Für Karat als Edelsteingewicht wird international hingegen häufig die Abkürzung »ct« verwendet.

Goldgehalt:

99,99 %	24 Karat	(reines Gold, soweit technisch möglich)
91,7 %	22 Karat	
75,0 %	18 Karat	
58,5 %	14 Karat	
41,6 %	10 Karat	
37,5 %	9 Karat	
33,3 %	8 Karat	

Häufig wird zum Beispiel 14karätiges Gold auch mit »585 Gold« bezeichnet. Dies bedeutet also einen Goldgehalt von 58,5 % in der Legierung. Gold wird hauptsächlich mit Silber oder Kupfer legiert. Eine Legierung von Gold mit Kupfer führt zu einer höheren Kratzfestigkeit der Münze (zum Beispiel beim Krügerrand). Mit Silber legiert ergibt sich das in der Schmuckindustrie verwendete Weißgold.

10.1.6. Vergleich Anlagemünzen mit Sammlermünzen

Im Gegensatz zu Anlagemünzen wird der Wert von Sammlermünzen maßgeblich durch deren Prägejahr, Auflage und Erhaltungszustand bestimmt. Wenn man sich nicht wirklich auskennt, kann man also leicht aufs Glatteis geführt werden und Kapital sprichwörtlich zum Fenster hinauswerfen. Hans Bocker erklärt in seinem »Gold-Dossier« den Unterschied zwischen einer Sammler- und einer Anlagemünze sehr anschaulich und auch amüsant:

»In Nordost-Kanada wurde vor Jahrzehnten per Zufall eine kleine Goldmünze gefunden, die ein Wikinger viele Jahrhunderte vor Kolumbus dort verlor. Sie ist also der lebendige Beweis, daß die Entdeckung Amerikas durch die Europäer viel, viel früher erfolgte, als gängige Schulbücher lehren. Sie befindet sich in einem Tresor in New York,

und ihr geschätzter Wert beläuft sich auf über 30 Millionen $. (...) Plazierte man diese kleine Münze von vielleicht 1/4 Unze (etwa 8 Gramm) Gewicht in einen dicken Schmelztiegel und setzte vor den Augen des auf einen Stuhl festgeschnallten, entsetzten Besitzers eine Bunsenbrennerflamme in Gang, so wäre nach einigen Minuten ein leicht zischendes Geräusch zu hören. (...) Der Sprung von 30 Millionen $ auf 70 $ und damit vom Münz- zum Goldwert vollzog sich also in Sekundenschnelle.« [2.15]

Da wir uns in diesem Buch für die reine Anlage in Gold und Silber interessieren, wollen wir die Sammlermünzen nicht weiter beachten. Wann immer ich also im folgenden Text über Münzen spreche, sind immer Anlagemünzen gemeint, die ich Ihnen in Teil 3 dann noch näher vorstellen werde. Obwohl es einige Münzen gibt, die durch bestimmte Eigenschaften herausragen, dürfte am Ende des Tages sicherlich Ihr subjektives Urteil darüber entscheiden, welche Münze in Ihrem Schließfach landet und welche nicht.

10.1.7. Vor- und Nachteile von Münzen

Wir werden später in Kapitel 17 und Teil 3 des Buches noch sehen, daß Münzen den Charakter einer Versicherung haben. Da sie zudem nie vollkommen wertlos werden können, ist diese Versicherung obendrein sogar noch fast umsonst. Wie im ersten Kapitel erörtert, ist unsere Gesellschaft in den letzten Jahrzehnten durch Banken, Politik, Medien und auch durch die Versicherungskonzerne völlig auf Papier- und Kreditgeld konditioniert worden. Dies spiegelt sich auch in unserer Neigung wider, die verschiedensten Versicherungen abzuschließen, sinnvolle wie leider auch sinnfreie. Die logischste und zugleich billigste Versicherung jedoch findet sich heute nur noch in zirka 1 % der Haushalte wieder: Münzen aus Gold und Silber. Genau wie nach dem letzten Krieg, als Zigaretten als Tauschware verwendet wurden, wird auch in der kommenden Krise wieder irgendeine werthaltige und begehrte Ware als Tauschmittel dienen. Der alte Satz: »Wer Gold hat, hat immer Geld« wird nach Ansicht des Autors dann wieder aktueller sein denn je.

Wir können also als großen Vorteil von Gold- und Silbermünzen festhalten, daß diese unvergängliche Liquidität bedeuten. Egal welche Regierung regiert, welches staatliche Geld gerade gilt oder in welchem Staat Sie landen: Mit Gold in den Taschen haben Sie immer die ultimativ letzte Weltwährung zur Verfügung.

Wie drastisch sich dieser Vorteil in Krisenzeiten auswirken kann, beschrieb wiederum Hans Bocker in seinem »Gold-Dossier«. Die letzten Hubschrauberpiloten, die aus Saigon abflogen, nahmen laut Bocker nur noch diejenigen südvietnamesischen Offiziere mit in die Freiheit, die ihnen Gold anbieten konnten. Die anderen blieben der Rache des Vietkong überlassen [2.16]. Wohl also dem, der Gold hatte.

In diesem Bezug ist auch die weltweite Bekanntheit der gängigen Anlagemünzen ein weiterer Vorteil, allen voran natürlich des Krügerrands. So darf bezweifelt werden, daß ein europäischer Banker ihm unbekannte Simbabwe-Dollars mit einer derzeitigen Inflation von größer 1.200 % [2.17] gegen Schweizer Franken eintauschen würde. Zehn Krügerränder würde er jedoch mit an Sicherheit grenzender Wahrscheinlichkeit – unter freundlicher Anbietung eines Kaffees – gerne und lächelnd in jede gewünschte staatliche Währung konvertieren.

Zu guter Letzt muß die Diskretion angesprochen werden. Der absolute Idealfall wäre natürlich, wenn keine Menschenseele wüßte, daß Sie im Besitz von Gold- oder Silbermünzen sind. Was niemand weiß, macht bekanntlich auch niemanden heiß. In der Praxis dürfte dies jedoch recht schwierig zu realisieren sein. Zumindest der Lebens- oder Ehepartner oder die nächsten Angehörigen sollten informiert sein, wo im Fall der Fälle die Versicherung (beziehungsweise das Einmachglas) deponiert wurde. Banken verkaufen nach Wissen des Autors Anlagemünzen oft nur an ihnen bekannte Kunden (Abrechnung über ein Konto der Bank). Der Post- oder UPS-Mann kann zum ungewollten Mitwisser werden, wenn er indiskret verpackte Ware bei Ihnen anliefert. Noch besser, wenn der gepanzerte Werttransporter direkt vor Ihrer Tür parkt, so daß der Dorfklatsch für die kommenden zwei Tage gesichert ist ...

Läßt man jedoch etwas Umsicht und den gesunden Menschenverstand walten, so haben Anlagemünzen den weiteren Vorteil, daß sie eine diskrete Versicherung und Wertanlage über Generationen hinweg darstellen.

Der Vorteil der zukünftigen Wertsteigerung im Sinne von Kaufkraftsteigerung (nicht im Sinne von Kurssteigerungen, denominiert in einer staatlich legalisierten Papierwährung), den alle Edelmetalle in sich tragen, dürfte nach dem Studium von Kapitel 1 keiner weiteren Erläuterung mehr bedürfen.

Fassen wir also nochmals die Vorteile von Gold- und Silbermünzen kurz zusammen. Mit Anlagemünzen sind Sie erstens weltweit und immer hoch liquide. Sie besitzen zweitens eine diskrete und kostenlose Versicherung, die in der Kaufkraft nach menschlichem Ermessen in Zukunft sogar noch steigen wird, niemals jedoch völlig wertlos werden kann. Die Münzen sollten selbst dann nicht völlig wertlos werden, wenn es Alchemisten jemals schaffen sollten, Gold oder Silber künstlich herzustellen. Der notwendige physikalisch-chemisch-technische Prozeß wäre vermutlich sehr teuer und aufwendig.

Diesen Vorteilen stehen nach Überzeugung des Autors lediglich zwei Nachteile gegenüber. Zum ersten ist das Aufgeld im Vergleich zu größeren Einheiten (zum Beispiel Barren) höher. Man sollte jedoch gedanklich dieses höhere Aufgeld als eine Art »einmalige Versicherungsprämie« ansehen und sich ihrer aufgrund der beschriebenen großen Vorteile nicht grämen.

Der zweite und größere Nachteil erwächst jedoch aus der Tatsache, daß man als Besitzer von Münzen und Barren einen diskreten und zugleich sicheren Aufbewahrungsort für seine physische Ware benötigt. Die älteste Methode haben wir bereits im ersten Kapitel kennengelernt: Omas Einmachglas im Wald vergraben. Leider könnte diese Methode heutzutage, da jedermann bereits für rund 30 Euro einen Metalldetektor erstehen kann, zu einem kleinen Problem führen, wenn man den Schatz wieder heben will und feststellen muß, daß andere Schatzsucher schneller waren.

Aber Scherz beiseite. Sie ahnen schon, daß gerade bei größeren Mengen die Lagerung in der Tat zu einem ernsthaften Problem werden kann. Speziell beim noch immer billigen Silber kommen derzeit für 100.000 Euro bereits rund 240 Kilogramm zusammen, für die entweder ein Hubwagen oder viel Schweiß aufgewendet werden muß.

Ich möchte zum Abschluß dieses Abschnittes noch kurz das oft gehörte Argument von Edelmetallgegnern ansprechen, nämlich daß physisches Gold und Silber keine Zinsen erwirtschaften würden. So schreibt zum Beispiel das Magazin »Zahnärztliche Mitteilungen« am 01.04.2006:
»Vom Kauf physischen Goldes, wie Barren oder Münzen, raten viele Experten ab, weil es dem Besitzer keine Zinsen bringt.« [2.18]

Obwohl dieses Argument objektiv natürlich als korrekt anzusehen ist, wurde durch empirische Studien belegt, daß die Kaufkraft von Gold in den vergangenen Jahrhunderten unter Schwankungen stets konstant blieb. Man kann dies also so interpretieren, daß Edelmetalle gar keine Zinsen brauchen, sie bleiben quasi »von sich selbst aus« im Wert konstant. Zudem bringt es herzlich wenig, wenn man 3 % Zinsen auf seine Anlagen bekommt, jedoch das Geld eine wahre Inflation von 7 % erfährt [2.19]. Wer in diesem Szenario 3 % bekommt, verliert in Wahrheit 4 %. Das Problem bei dieser Zins-Argumentation besteht also darin, daß im Grunde Birnen (Kreditgeld) mit Äpfeln (Warengeld) verglichen werden. Warengeld braucht keine Zinsen, da es keine zukünftige noch zu erarbeitende Schuld darstellt, sondern einen bereits in der Vergangenheit erbrachten Wert.

10.2. Barren
10.2.1. Grundlagen
Bereits im 2. Jahrtausend vor Christus wurden doppelbeilförmige Kupferbarren hergestellt, die als normales Warengeld wie heute die Euro-Kreditgeldscheine zirkulierten [2.20]. Das heißt, lange bevor es

Münzen gab, waren die Barren bekannt und auch in Gebrauch. Rein vom zeitlichen Ablauf ihrer Entstehung hätte dieses Kapitel über Barren also vor dem Kapitel der Münzen stehen müssen. Da Münzen unbedingt die Basis eines Edelmetall-Portfolios darstellen sollten, habe ich deren Abhandlung vorangestellt. Wir kommen in Kapitel 17 auf diesen Punkt zurück, wenn wir die Edelmetall-Pyramide nach Hamilton besprechen.

Heute werden Gold- und Silberbarren in den verschiedensten Grössen, Formen und Abmaßen hergestellt. Es bestehen diesbezüglich keine internationalen Standards. Barren bis zu einem Gewicht von 100 Gramm (egal ob Gold oder Silber) werden entweder geprägt oder aus einem Blech gestanzt. Barren ab 250 Gramm werden in eine Form gegossen *(siehe Abbildung 2.4, folgende Seite)*.

Geprägte Barren haben zum Beispiel die Gewichte 1 Gramm, 2 Gramm, 2,5 Gramm, 5 Gramm, 10 Gramm, 20 Gramm, 31,1 Gramm (1 Unze), 50 Gramm und 100 Gramm. Aufgrund des Herstellungsprozeßes glänzen sie wie Münzen. Sie weisen in der Regel nur den Namen und das Emblem des Herstellers, das Gewicht und die Reinheit, jedoch keine fortlaufende Seriennummer auf.

Abbildung 2.3.: Geprägter oder gestanzter 100-Gramm-Barren.
Quelle: www.westgold.de
[2.21]

Gegossene Goldbarren gibt es für den Privatinvestor in den Gewichtsklassen 250 Gramm, 500 Gramm 1.000 Gramm. Aufgrund des geringen Preises gibt es bei Silber auch noch den 5-Kilogramm-Barren standardmäßig zu kaufen.

Abbildung 2.4.:
Guß von Gold-Standardbarren à 12,4 Kilogramm Gewicht
Quelle: www.uk-rocks.net [2.22]

Darüber hinaus handeln Erzeuger, Scheideanstalten, Veredler, Weiterverarbeiter, größere Investmentfonds oder die Zentralbanken untereinander mit sogenannten Handels- oder Standardbarren. Diese weisen für Gold ein Gewicht von zirka 400 Unzen (=12,5 Kilogramm) und für Silber von zirka 1.000 Unzen (= 31,1 Kilogramm) auf.

Aufgrund des Gusses der Barren ist die Oberfläche im Gegensatz zu den geprägten Münzen oder Barren eher matt, die Kanten sind gerundet. Da die Barren zuerst von außen nach innen abkühlen, entsteht auf der Oberseite der Barren eine Art Riffelung, ähnlich den Jahresringen eines Baumes. Zudem ist die Oberfläche deswegen nicht eben, sondern weist zur Mitte hin eine Art Eindellung auf.

Die Gewichte dieser Standardbarren sind nicht einheitlich, so daß jeder Barren quasi ein Unikat darstellt. Die Feinheit, das genaue Gewicht und eine fortlaufende Seriennummer werden manuell, zu-

Physisches Investment 75

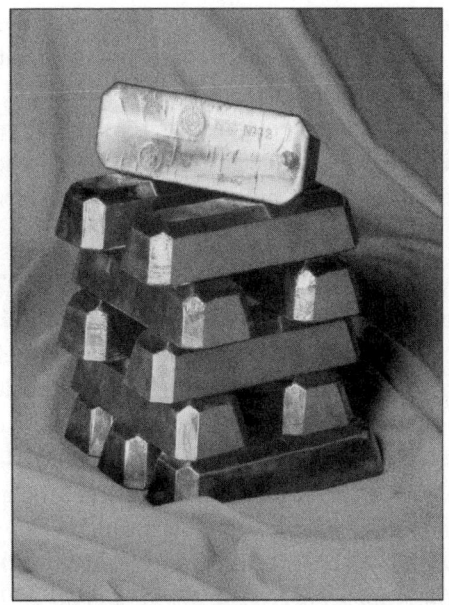

Abbildung 2.5.:
Gold- Standardbarren mit jeweils zirka 400 Unzen (zirka 12,4 Kilogramm)
Quelle: wikipedia.de [2.23]

meist auf der Oberseite des Barren, eingeschlagen oder mit einem Laser eingebrannt. Die Berechnung der Barren erfolgt auf Basis eines zuvor vereinbarten Kilogramm-Preises.

Die länglichen Seiten der Barren haben eine leichte Schräge, die ein »Ineinanderstapeln« der Barren möglich macht, indem man die Barren versetzt aneinanderreiht.

10.2.2. Mehrwertsteuer auf Barren
Goldbarren sind, wie auch Goldmünzen, von der Mehrwertsteuer befreit, wenn Sie eine Reinheit von mindestens 99,5 % aufweisen und als Anlagegold verwendet werden. Die standardmäßig gehandelten Barren weisen alle eine 99,9 %ige Reinheit auf und sind daher in der gesamten Europäischen Union (einschließlich Schweiz/ Liechtenstein) von der Mehrwertsteuer befreit.

Silberbarren werden für private Investoren mit dem vollen Mehrwertsteuer-Satz besteuert. In Deutschland sind dies seit Anfang 2007 19 %, in Österreich 20 % und in der Schweiz und Liechtenstein 7,6 %. Es gibt jedoch seit einigen Jahren Angebote am Markt, wie auch Privatinvestoren über eine gewerbliche Gesellschaft mehrwertsteuerfrei in Silberbarren investieren können. Dazu jedoch später mehr.

Die Mehrwertsteuererhöhung in Deutschland zum 1.1.2007 auf 19 % führte Ende 2006 zu der Diskussion, daß zum Beispiel die australische Kookaburra-Münze mit einem Gewicht von einem Kilogramm und einem reduzierten Steuersatz von 7 % zukünftig für Privatinvestoren billiger sei als ein 1-Kilogramm-Silberbarren, der mit 19 % besteuert wird. Am 16.11.2006 berichtete Martin Siegel dann auch von massiven Lieferproblemen der Perth Mint in Australien, dem Hersteller dieser 1-Kilogramm-Münzen:

»Wegen der anstehenden Mehrwertsteuererhöhung wird der Preis des 1-Kilogramm-Barrens ab dem 1. Januar 2007 den Preis des Kookaburras übersteigen, so daß zu erwarten ist, daß der 1-Kilogramm-Kookaburra den 1-Kilogramm-Barren als Standardprodukt verdrängen wird.« [2.24]

Ende Januar 2007 kostete bei pro aurum die 1-Kilogramm-Kookaburra-Münze rund 424 Euro brutto, gegenüber 417 Euro brutto für den 1-Kilogramm-Barren, das heißt, der Barren war hier noch immer etwas billiger. Bei Westgold hingegen kostete der Barren 413 Euro und die Münze 403 Euro (alle genannten Preise vom 19.01.2007). Da die 1-Kilogramm-Münze jedoch eher unhandlich in der Lagerung ist (Durchmesser 10,1 cm), dürfte von den Investoren weiterhin der handlichere Barren bevorzugt werden.

10.2.3. Aufgeld und Handelsspanne bei Barren
Die Grundregel für Münzen gilt auch für Barren: Je kleiner die Einheit, desto größer das Aufgeld, das heißt der Preis, der über den eigentlichen Materialwert des Barrens hinausgeht (Herstellung, Versand, Provision der Händler etc.). Für Goldbarren ergibt sich nebenstehende Kurve.

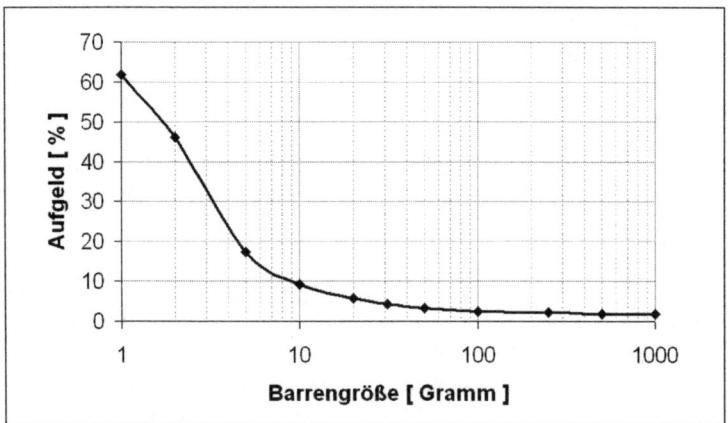

Abbildung 2.6.: Prozentuales Aufgeld für Goldbarren in Abhängigkeit ihres Gewichtes Quelle Preise: www.proaurum.de, 22.01.2007

Für Barren von 50 Gramm Gewicht ergibt sich ein Aufgeld von lediglich zirka 3,3 %, für einen 100-Gramm-Barren nurmehr 2,5 %. Das heißt, im Vergleich zu Münzen bekommt der Investor ab einer Größenordnung von 50 Gramm mehr Gold für sein Geld. Die 500-Gramm- und 1.000-Gramm-Barren liegen mit einem Aufgeld von 1,9 % zum Marktpreis des Goldes (auch Spot-Preis genannt), nur noch minimal über dem Wert des eigentlichen Goldes. Dennoch empfiehlt sich das Investment in diese großen Barren nur für große Investoren. Denn grundsätzlich sollte Gold nie an nur einem Platz lagern. Für eine räumliche Diversifizierung der Goldbestände sollten also zum Beispiel lieber 4 × 250-Gramm-Barren in Betracht gezogen werden als ein großer 1-Kilogram-Barren. Auf das (heikle, jedoch eminent wichtige) Thema Lagerung kommen wir später noch ausführlicher zu sprechen.

Die Verkaufsverluste bei den Barren haben qualitativ den gleichen Verlauf *(vgl. Abb. 2.7., folgende Seite)*.

Ab einem Gewicht von 50 Gramm ist nur noch ein geringer Verkaufsverlust von rund 0,75 % hinzunehmen. Die Handelsspanne (also Aufgeld plus Verkaufsverluste) für Goldbarren ab 50-Gramm-Gewicht liegt also in einem Bereich zwischen 2,6 % und 4,0 %. Der 1-Gramm-

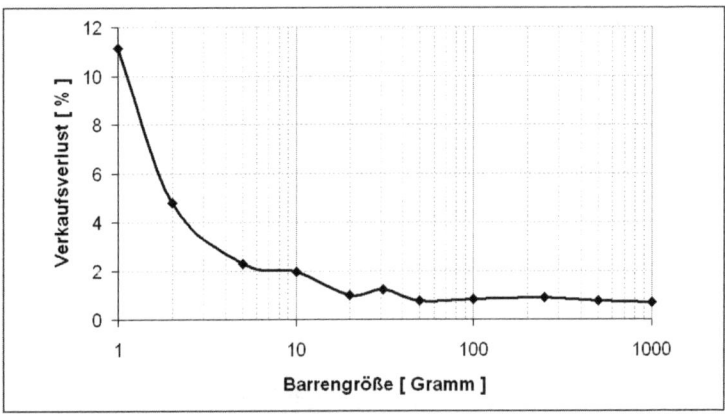

Abbildung 2.7.: Verkaufsverlust bei Goldbarren zum Materialwert in Abhängigkeit vom Gewicht des Barrens Quelle: www.proaurum.de, 23.01.2007

Barren liegt mit > 70 % Handelsspanne in dieser Kategorie jenseits eines erträglichen Niveaus.

Wie bei Silbermünzen, ist auch das prozentuale Aufgeld für Silberbarren deutlich höher, da die Kosten dieser Barren, im Vergleich zu ihrem eigentlichen Wert, weitaus höher sind. Die obige Kurve aus Abbildung 2.6. sieht für Silberbarren wie folgt aus:

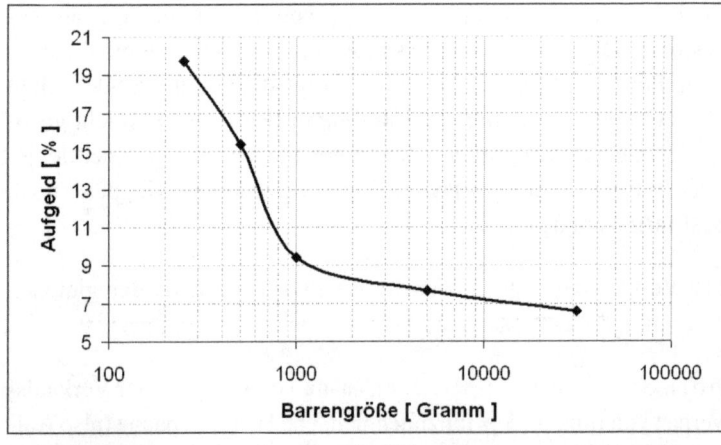

Abbildung 2.8.: Prozentuales Aufgeld für Silberbarren in Abhängigkeit ihrer Größe bzw. ihres Gewichts (Quelle Preise: www.proaurum.de, 22.01.2007)

Die Verkaufsverluste von Silberbarren sind ebenfalls höher als bei Goldbarren.

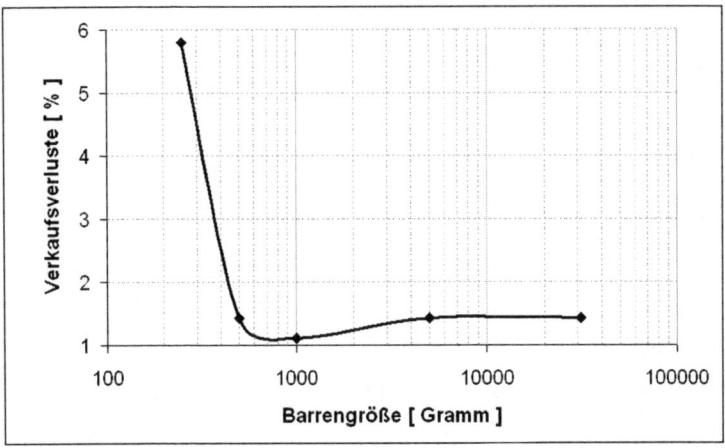

Abbildung 2.9.: Verkaufsverlust bei Silberbarren zum Materialwert in Abhängigkeit vom Gewicht des Barrens Quelle: www.proaurum.de, 22.01.2007

Die unmittelbaren Vergleiche der Auf- und »Abgelder« (Verkaufsverluste) für Gold- und Silberbarren zeigen deutlich, daß das Aufgeld bei Silber um bis zu einem Faktor 10 über dem Aufgeld für Gold liegt und auch die Verkaufsverluste über denen von Gold liegen.

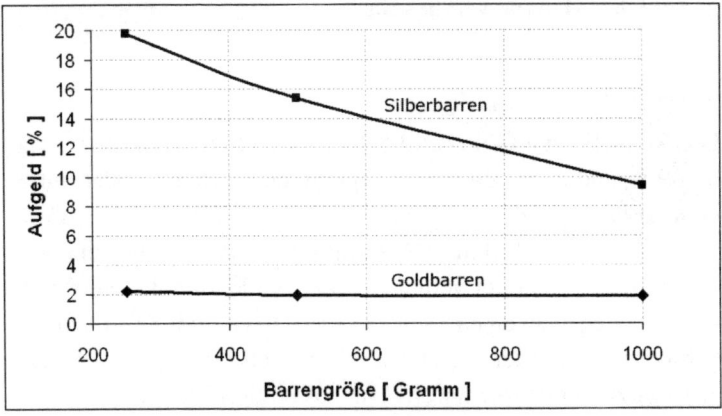

Abbildung 2.10.: Prozentuales Aufgeld für Gold- und Silberbarren in Abhängigkeit ihrer Größe bzw. ihres Gewichts (Quelle Preise: www.proaurum.de, 22.01.2007)

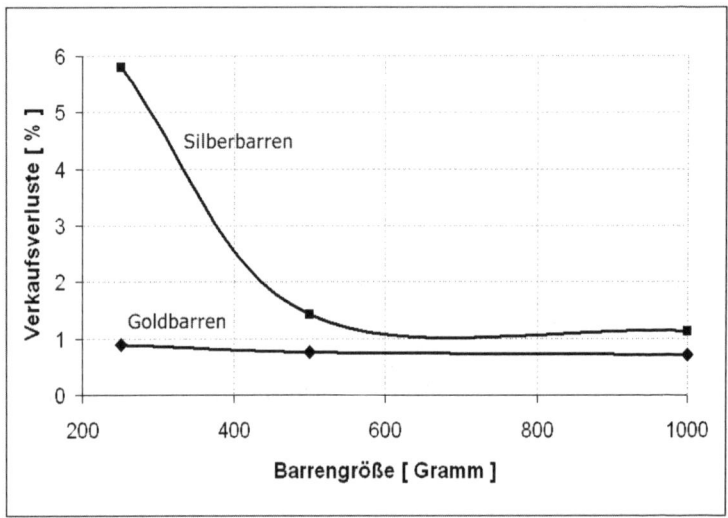

Abbildung 2.11.: Vergleich Verkaufsverlust für Gold- und Silberbarren zum Materialwert in Abhängigkeit vom Gewicht des Barrens
Quelle: www.proaurum.de, 22.01.2007

Grundregel: Der Handel mit physischen Silberbarren beinhaltet die größten Kosten. Die Handelsspanne zwischen Ankaufs- und Verkaufspreis beträgt je nach Gewicht des Barrens bis zu 25 %, bezogen auf den Materialwert des Barrens.

10.2.4. Reinheit von Barren

Die Reinheit von Gold- und Silberbarren beträgt in aller Regel 99,99 % und ist im Barren eingeprägt, eingeschlagen oder mit einem Laser eingebrannt. Eine Reinheit von größer 99,99 % wäre – wenn überhaupt – technisch nur sehr schwer zu erreichen und würde den Barren unnötig verteuern. Den Goldbarren des Herstellers Umicore liegen ab einem Gewicht von 250 Gramm Zertifikate bei. Schweizer Hersteller versenden ihre Barren meines Wissens nach grundsätzlich mit einem Zertifikat. Diese Bescheinigungen dürfen keineswegs als unwichtige Beipackzettel gesehen werden, sondern sollten, wie die Barren selbst, sorgfältig aufbewahrt werden.

CERTIFICATE

of Assay for Gold Bars
Gehaltszertifikat für Goldbarren

Sign
Zeichen

Number
Nummer   ███████

Weight
Gewicht   1000 g

Fineness
Feingehalt   999.9

Umicore AG & Co. KG
Precious Metals Management
D-63457 Hanau-Wolfgang
Germany

Abbildung 2.12.: Gehaltszertifikat des Herstellers Umicore für einen 1.000-Gramm-Goldbarren mit einer Reinheit von 99,99 %

Ein weiteres Sicherheitsmerkmal bieten die sogenannten kinebar®-Barren. Ähnlich wie bei Banknoten oder Ausweisen wird hierbei auf die Rückseite der Goldbarren eine Art Hologramm eingeprägt. Weitere Informationen und einige Abbildungen finden Sie unter www.goldseiten.de im Internet [2.25].

10.2.5. Barrenhersteller: »Good Delivery«-Listen

Da Edelmetallbarren keinen gesetzlichen Bestimmungen hinsichtlich Form, Gewicht oder Reinheit genügen müssen, kann jede Scheideanstalt oder Raffinerie quasi ihre »eigenen« Barren herstellen. Um dennoch einen reibungslosen weltweiten Handel mit Edelmetallbarren abwickeln zu können, ohne daß jeder einzelne Barren vor dem Kauf per aufwendiger Analyse geprüft werden muß, wurde von der Londoner Metallbörse, der »London Bullion Market Association«, abgekürzt LBMA, eine Liste von zertifizierten Herstellern eingeführt. Die Barren dieser Hersteller genügen den Anforderungen der LBMA und werden daher auf dem Londoner Markt als »Good Delivery« akzeptiert (»Gute Lieferung«).

Hersteller, die in diese Liste aufgenommen werden möchten, müssen folgende Kriterien erfüllen [2.26]:
1. *Barrenproduktion seit mindestens drei Jahren nachweisbar*
2. *Mindestverarbeitungsmenge: 10 Tonnen Gold und 30 Tonnen Silber pro Jahr*
3. *Unternehmenswert von mindestens 10 Millionen Britischen Pfund*
4. *Nachweis der Besitzverhältnisse und der Direktoren der Firma*
5. *Bestätigungsschreiben, zum Beispiel von der Zentralbank des Landes*

Die ausführlichen Regeln und Spezifikationen für die »good delivery bars« sind (auf englisch) unter der Referenz [2.27] nachzulesen. Die Good-Delivery-Liste für Goldbarren finden Sie im Internet unter [2.28], die Liste für Silberbarren unter [2.29].

Im deutschsprachigen Raum werden auf der Goldliste folgende Hersteller geführt:

Deutschland: W. C. Heraeus GmbH *(gelistet seit 1958)*
                    Norddeutsche Affinerie AG *(vor 1934 und wieder seit 1953)*
Österreich: —

Schweiz: Argor-Heraeus SA *(seit 1961)*
Cendres & Métaux SA *(seit 1981)*
Metalor Technologies SA *(vor 1934)*
PAMP SA *(seit 1987)*
Valcambi SA *(seit 1968)*

Speziell in Deutschland ist noch der belgische Hersteller Umicore bekannt, der vor einigen Jahren die Degussa-Hüls AG übernahm. Umicore steht seit 1930 auf der Liste der LBMA und ist damit einer der ältesten zertifizierten Hersteller, die noch heute in diesem Markt tätig sind. Die Norddeutsche Affinerie AG produziert und liefert Gold und Silber nur in Form von Granalien (Körner beziehungsweise kleine Kügelchen) an industrielle Kunden [2.30] und ist somit für Investoren nicht relevant.

Außer der schweizerischen Cendres & Métaux SA sind alle genannten Unternehmen auch auf der Silberliste gelistet. Achten Sie beim Kauf von Gold- oder Silberbarren darauf, daß Sie nur Barren dieser zertifizierten Hersteller erwerben. Falls möglich sollte zudem immer ein Zertifikat, wie das weiter oben abgebildete, beiliegen. Bekannte Barren mit Zertifikat wird ihnen jeder Händler gerne abnehmen. Unbekannte Barren hingegen müßten unter Umständen erst in einer Scheideanstalt geschmolzen und geprüft werden, bevor Sie diese verkaufen könnten. Der Preis für eine solche Prüfung liegt in der Grössenordnung von 50 Euro: Geld und Zeit, die Sie sich sparen können.

10.2.6. Vor- und Nachteile von Barren

Barren weisen natürlich, wie auch Münzen, alle Vorteile einer physischen Edelmetall-Anlage auf. Zuerst sei nochmals der Charakter einer kostenlosen Versicherung erwähnt, die die Warengelder Gold und Silber gegenüber dem Kreditgeld darstellen. Ebenso können Barren wie Münzen eine diskrete Art darstellen, Vermögen zu erhalten und über Zeiten und Generationen hinweg zu konservieren. Nachdem ein Grundstock an Münzen gekauft wurde, sollte darüber hinaus zur Verfügung stehendes Geld in Barren investiert werden, da man im Vergleich zu Münzen mehr Material für den identischen

Einsatz an Kapital erhält (kleineres Aufgeld). Steht also ein größeres Kapital zur Anlage zur Verfügung, sollten auch größere Barren erworben werden.

Diesem monetären Vorteil stehen leider auch einige Nachteile gegenüber. Wie im letzten Abschnitt diskutiert, könnten unbekannte Barren nicht überall auf der Welt ohne eine Prüfung der Reinheit vom Händler angenommen werden. Walter Eichelburg schreibt auf seiner Homepage hartgeld.com dazu folgendes:

>»*Die Echtheit* [von Barren; d. Verf.] *ist nicht so leicht erkennbar wie bei (staatlich) geprägten Münzen. Jeder Barren hat eine Seriennummer, ein Datum, die Reinheit, das Gewicht und den Hersteller eingeprägt. Das kann aber leicht nachgemacht werden. Beim Verkauf kann ein Neu-Einschmelzen erforderlich sein.*« [2.31]

Ein weiteres Problem bei Silberbarren stellt die Lagerung dar. Viele Experten gehen von der Annahme aus, daß Silber, aufgrund seines industriellen Verbrauches, weitaus höhere Kurschancen hat als Gold, das zumeist nur zur Wertaufbewahrung verwendet wird. Auch in der von mir geführten Einkaufsgemeinschaft für Gold und Silber fließen zirka $2/3$ der Anlagengelder in Silber und nur rund $1/3$ in Gold (Anleger können das Verhältnis ihres Investments frei aufteilen). Dies bedeutet, daß im Grunde ein hohes Investmentinteresse in physischem Silber besteht. Wir hatten jedoch bereits weiter oben erwähnt, daß zum Beispiel 100.000 Euro einen Silberberg mit einem Gewicht von derzeit 240 Kilogramm ergibt. Die Kantenlänge dieses Silberwürfels wäre immerhin fast 30 Zentimeter. Der Transport und die sichere Lagerung dieser Masse könnte also gegebenenfalls ein ernsthaftes Problem darstellen.

Die zukünftigen Wertsteigerungen von Gold und Silber könnten ebenfalls zu einem »positiven Problem« mutieren. Walter Eichelburg schreibt hierzu wiederum bildlich:

>»*Ein 1-Kilogramm-Goldbarren kostet derzeit etwa € 15.000. Wenn die wirkliche Flucht aus den Papierwerten beginnt, wird wegen des großen Papierüberhangs und der kleinen*

verfügbaren Goldmenge der Preis so hoch steigen, daß Sie damit nur eine große Immobilie oder eine Firma werden kaufen können. Barren sind daher reines Investoren-Gold. Sie sollten sie bei Investments unter € 100.000 nicht kaufen. Wollen Sie Ihre Barren zersägen und von den Sägespänen leben?« [2.31]

Im Grunde ist dieser Nachteil also ein Argument für den Kauf von Münzen. Frei nach dem Motto: Zum Bäcker geht man schließlich auch nicht mit einem 500-Euro-Geldschein.

Reinhard Deutsch prognostizierte in seinem Buch »Das Silberkomplott« einen Silberpreis von über 1.000 Dollar je Unze (Allzeithoch von Silber im 15. Jahrhundert, in Dollars des Jahres 2007). Ein Standardbarren mit 1.000 Unzen Gewicht könnte also in Zukunft durchaus einen Wert von einer Million Dollar darstellen (nach Kaufkraft des Dollars im Jahr 2007). Mit anderen Worten: Auch ein Silber-Standardbarren wäre nur noch ein reiner Investment-Barren, mit dem man ganze Häuser oder Betriebe kaufen kann, nicht jedoch ein Brötchen, wenn man Hunger hat.

Die Diskussion um die Zinslosigkeit von physischen Edelmetallen gilt natürlich für Barren wie auch für Münzen. Zusammenfassend kann man also für Barren festhalten, daß man zwar viel Gold oder Silber für sein Geld bekommt, sich jedoch irgendwann das Problem der Teilbarkeit einstellen könnte. Ich komme auf diesen Punkt bei der Vorstellung der Edelmetall-Pyramide nochmals zurück. Während Münzen eine Versicherung darstellen, sind Barren als Investment zu sehen.

10.3. Bezugsquellen für Münzen und Barren
Generell kann ein Kauf von physischer Ware nur bei Banken, bei spezialisierten Edelmetallhändlern oder direkt beim Hersteller empfohlen werden. Online-Versteigerungen oder zum Beispiel der Kauf per Kleinanzeige beinhalten nach meiner Meinung immer das Risiko, einem Betrüger auf den Leim zu gehen, der im Ernstfall nicht mehr greifbar wäre.

So meldete am 21. März 2007 das Online-Nachrichtenmagazin nettribune.de unter der Überschrift »Betrügerische Gold-Auktionen bei eBay« folgendes:

»Eine Betrügerbande aus Amberg hat mehr als 200 eBay-Kunden bei der Versteigerung von Goldbarren und anderen Edelmetallwaren um mehr als eine halbe Million Euro geprellt. Wie die Polizeidirektion Amberg am Mittwoch mitteilte, boten die fünf festgenommenen Männer im Alter von 20 bis 26 Jahren bei über tausend Online-Auktionen seit September Gold, Silber und Platin in Barren- und Münzenform an.« [2.32]

Tun Sie sich, Ihrem Geldbeutel und Ihren Nerven einen Gefallen und nehmen Sie an solchen Online-Versteigerungen nicht teil. Ein sehr guter Anlaufpunkt für Preisvergleiche vertrauenswürdiger Händler findet sich im Internet unter der Adresse www.bullionpage.de. Dort werden die aktuellen Preise verschiedener Anbieter dargestellt. Über eine Suchmaske kann speziell die gewünschte Gattung abgefragt werden.

10.3.1. Kauf über Banken

In der 20jährigen Edelmetall-Baisse zwischen 1980 und 2001 gaben viele Banken in Deutschland den Handel mit physikalischen Edelmetallen auf. Erst in der jüngeren Vergangenheit kehrte sich dieser Trend wieder um, so daß es heute wieder einige Banken gibt, die durchaus aktiv den Goldhandel betreiben und bewerben, so zum Beispiel die Sparkasse der »Goldstadt« Pforzheim.

Die meisten deutschen Banken zeigen jedoch noch immer wenig Zuneigung zum Handel mit Edelmetallen. Sie haben aus diesem Grund auch keine oder nur sehr geringe Bestände vorrätig, so daß diese immer erst bei einer Zentrale bestellt werden müssen. Im schlechtesten Fall kann dies auch Auswirkungen auf die Preise haben, wenn die Kursfestsetzung nicht am Bestelltag, sondern erst zum Liefertag erfolgt. Weiterhin liefern einige Banken physische Ware nur an ihre bestehenden Kunden, so daß man theoretisch zunächst ein Konto bei der entsprechenden Bank eröffnen müßte. Dies wirkt sich so aus, daß Ware nur per Abbuchung vom Konto bezogen werden kann. Im Prinzip kommt dies jedoch einer Registrierung des Kaufes gleich.

Es kann Ihnen am Bankschalter auch passieren, daß Sie der Bankangestellte in eine unerwünschte Diskussion zieht und Sie vom Kauf abzuhalten versucht, indem er eher zu Zertifikaten oder ähnlichen Papierprodukten rät (die für die Bank natürlich ein lohnenderes Geschäft darstellen, als der einmalige Verkauf von physischer Ware). Des Weiteren fällt auf, daß nur wenige Banken ihre Preislisten im Internet veröffentlichen. Ist dies der Fall, werden diese Listen unter Umständen unzureichend gepflegt, das heißt sind nicht aktuell und können deswegen für einen Preisvergleich nicht herangezogen werden. In aller Regel haben Bankangestellte auch noch nie einen Silberbarren oder einen Krügerrand in der Hand gehabt: Man kann also keine kompetente Fachberatung erwarten.

Nach meinen bisherigen Erfahrungen ist ein Versand von Ware bei Banken generell nicht möglich, das heißt, man kann seine Barren oder Münzen nur vor Ort abholen. Manche Institute führen Kaufwünsche, die unter einer bestimmten Mindestbestellmenge liegen, gar nicht aus. Zu guter Letzt sind die Preise von Banken tendenziell eher etwas höher als die von spezialisierten Fachhändlern.

Der einzige Vorteil, der dem Kauf von Gold und Silber über eine Bank zugestanden werden kann, ist die Zuverlässigkeit und Güte der gelieferten Ware (im Unterschied zum Beispiel zu einer Online-Auktion). Ansonsten spricht nach Meinung des Autors in Deutschland alles für den spezialisierten Fachhandel.

Etwas anders sieht das Bild in Liechtenstein und in der Schweiz aus. Hier haben viele Großbanken in ihren öffentlichen Schalterräumen diskrete Schalter mit Sichtschutz oder gar abgetrennte Räume für den Barankauf von Edelmetallen. Viele Experten vertreten bekanntlich auch die Meinung, daß physische Edelmetalle (zumal in größeren und bekannten Mengen) nicht in Deutschland gelagert werden sollten (siehe zum Beispiel Bruno Bandulet [2.33], Marc Faber [2.34] oder Hans J. Bocker [2.35]).

10.3.2. Spezialisierte Fachhändler

Seit einigen Jahren gibt es im deutschsprachigen Raum auf Edelmetalle spezialisierte Fachhändler, die nicht nur größeres Wissen und größere Erfahrung, sondern in aller Regel auch noch günstigere Preise anbieten können.

Allen voran ist dies seit September 2003 die Firma pro aurum GmbH & Co KG in München sowie, seit Mitte 2005, deren Tochter pro aurum Berlin GmbH & Co KG in Berlin. Die Geschäftsführer Robert Hartmann und Mirko Schmidt haben langjährige Erfahrung im Edelmetallhandel und gründeten die Firma nach der Schließung des Münchner Büros ihres vormaligen Arbeitgebers, der Deutschen Verkehrsbank AG. Ende 2006 wurde das Unternehmen aufgrund seiner Innovationskraft mit einem Preis »Entrepreneure des Jahres« von Ernst & Young ausgezeichnet [2.36, 2.37].

Bestellungen werden deutschlandweit versendet oder können an 21 Standorten selbst abgeholt werden (höhere Diskretion). Unter 7.500 Euro Warennettowert kostet der Versand 19 Euro, bei höherem Warenwert fällt eine Pauschalgebühr von 29 Euro an. Grundsätzlich können Käufe im Rahmen des Geldwäschegesetzes auch persönlich vor Ort in München oder Berlin am Schalter getätigt werden.

Pro aurum führt alle gängigen und bekannten Münzen und Barren im Sortiment, zudem mit Gold, Silber, Platin und Palladium alle vier Anlagemetalle. Nach Wissen des Autors ist das Angebot von pro aurum damit das umfangreichste im deutschsprachigen Raum. Erfahrene Berater stehen am Telefon zur Verfügung.

Die Preisliste im Internet wird mehrmals am Tag aktualisiert.

Die Adressen und Rufnummern von pro aurum sind:

pro aurum GmbH & Co. KG
Grillparzerstraße 46
81675 München
Telefon: 089 / 550 548-0
Fax: 089 / 550 548-50
E-Mail: info@proaurum.de

pro aurum Berlin GmbH & Co. KG
Torstraße 43
10119 Berlin
Telefon: 030 / 700 11 66-0
Fax: 030 / 700 11 66-0
E-Mail: berlin@proaurum.de

Ein zweiter kompetenter Fachhändler ist die Firma Westgold GmbH & Co aus Lindhorst bei Hannover [2.39]. Der Münzhändler Björn

Ströter und der Goldmarktexperte Martin Siegel gründeten diese Firma im Februar 2006, nachdem die Firma Siegel Investment bereits seit 2003 einen Handel betrieben hatte.
Die Firma unterhält kein Ladenlokal. Nach Terminabsprache sind Abholungen laut eigener Aussage jedoch möglich. Der Versand von Ware erfolgt deutschlandweit sowie nach Österreich. Ab 10.000 Euro Warennettowert ist der Versand kostenlos, darunter fällt eine Pauschalgebühr von 19 Euro an.
Obwohl die Warenliste nicht so umfangreich wie die von pro aurum ist, finden sich auch bei diesem Händler alle wichtigen Münzen und Barren wieder. Für 1-Unzen-Silbermünzen besteht eine Mindestbestellmenge von 200 Stück, die Preise sind jedoch günstiger als bei pro aurum.
Die Adresse und Rufnummer von Westgold ist:
Westgold GmbH & Co. KG
Bahnhofstr. 30
31698 Lindhorst
Tel: 05725 / 706855
Fax: 05725 / 706882
Email: info@westgold.de

Im Jahr 2002 wurde die Münzkabinett Frankfurt a. M. GmbH [2.40] als direkte Nachfolgerin des Münzkabinetts der Dresdner Bank AG in Frankfurt a. M. gegründet. Der Geschäftsführer ist Dr. Pavol Jurecko. Neben Anlagemünzen und -barren gibt es ebenso eine Auswahl an numismatischen Münzen. Adresse:
Münzkabinett Frankfurt/M GmbH
Große Eschenheimer Straße 9
60313 Frankfurt
Telefon : 069 / 27107983
FAX: 069 / 27107984
info@muenzkabinett-frankfurt.de

Weitere, zum Teil nur auf bestimmte Gattungen spezialisierte Fachhändler in Deutschland sind:
MP Edelmetalle GmbH, Bad Laasphe: www.mp-edelmetalle.de
Scheider & Rienäcker GbR, Dresden: www.muenzdiscount.de
Frank Augenstein, St. Ingbert: www.edelmetalle-muenzen.de
Frank Ewers, Leonberg: www.argentarius.de

Florian Filß, Ludwigshafen: www.edelmetallmeile.com
Dr. Klaus Neugebauer, Menden: www.china-coins.de
Kerstin Kurth: www.sirius-silberbarren.de
   (ausgefallene Sammler-Silberbarren)
Einkaufsgemeinschaft für Gold und Silber GbR: www.goldsilber.org/shop

In Österreich ist die Schoeller Münzhandel GmbH in Wien, Graz und Innsbruck ansäßig (www.schoeller-muenzhandel.at), in der Schweiz die ZPMO Edelmetalle & Münzen AG von Rainer Meier (www.zpmo.ch).

10.3.3. Kauf über Präge- oder Scheideanstalten

Einige Hersteller betreiben den direkten Kauf von Münzen oder Barren an private Endkunden, andere wiederum vertreiben ihre Produkte nur über ein Netz von autorisierten Zwischenhändlern.

Beim Hanauer Traditionshersteller Heraeus kann jeder Privatkunde Gold- und Silberbarren erwerben [2.41], die Auslieferung erfolgt deutschlandweit mit UPS. Ab einem Warenwert von 3.000 Euro erfolgt der Versand per Werttransport (Kosten: 40 Euro). Die Preisliste im Internet wird zweimal täglich, jeweils um 8 Uhr und 12 Uhr aktualisiert [2.42], wobei nur Preise pro Gramm angegeben werden. Der Barrenpreis ergibt sich zuzüglich einer Pauschale für die Herstellung des Barrens, so daß man vor einer Bestellung immer erst ein konkretes Angebot einholen sollte, das dann zum Beispiel mit den Preisen von pro aurum oder Westgold im Internet verglichen werden kann.

Eine weitere Scheideanstalt in Deutschland ist die ESG Edelmetall-Service GmbH &Co. KG in Rheinstetten bei Karlsruhe. Hier können Sie ebenfalls Gold- und Silberbarren erwerben [2.43]. In Österreich bietet die Österreichische Gold und Silber Scheideanstalt, kurz Ögussa, in ihren Filialen Wien, Linz, Salzburg, Innsbruck, Graz und Klagenfurt [2.44] für Privatkunden Gold- und Silberbarren an. Die Preisliste für An- und Verkaufspreise finden Sie ebenfalls im Internet [2.45].

Die offiziellen Münzstätten bieten mit Ausnahme der Münze Österreich [2.46], die die Philharmoniker-Anlagemünze herstellt, lediglich Sammlermünzen in ihren Verkaufsstellen oder Online-Shops an, das heißt limitierte Münzen die mit einem hohen Aufgeld zum Materialwert gehandelt werden.

In Deutschland werden Sammlermünzen seit 1952 geprägt. Seit 2006 werden diese im Auftrag des Bundesfinanzministeriums von der Deutschen Post, Geschäftsbereich Philatelie, vertrieben. Die zuständige Verkaufsstelle für Sammlermünzen befindet sich in Weiden in der Oberpfalz [2.47]. Die Aufgelder der dort erhältlichen ½-Unzen-Münzen bewegen sich für Silbermünzen in der Größenordnung von 50 % und für Goldmünzen bei zirka 10 %, um einen Richtwert zu nennen. Eine umfangreiche Liste von internationalen Münzprägestätten finden Sie im Internet unter Referenz [2.48].

10.3.4. Weitere Quellen
Weitere Händler finden Sie im Internet unter den folgenden Adressen.
- *Umfangreiche Schweizer Händlerliste der Swissmint*
  (Münzstätte der Schweizer Finanzverwaltung):
  www.swissmint.ch/upload/_pdf/themen/d/Haendlerliste207.pdf
- *www.goldseiten.de/content/muenzen/anbieter.php*
- *www.hartgeld.com/muenzhaendler.htm*
  (vorwiegend österreichische Händler)
- *Wer liefert was? www.wlw.de,*
  als Suchbegriffe »Gold« oder »Silber« eingeben.

10.4. Lagerung von Münzen und Barren
10.4.1. Verpackungen
Gold und Silber sind beides relativ weiche Metalle. Bei der Härteprüfung nach Friedrich Mohs [2.49], die vornehmlich in der Mineralogie verwendet wird [2.50], werden alle Werkstoffe nach ihrer Ritzbarkeit auf einer Skala von 1 bis 10 eingeordnet. Der sehr weiche Talk ist mit dem Fingernagel schabbar und hat demnach eine Mohs-Härte von 1. Der Diamant als härtestes, natürlich vorkommendes Mineral ist nur durch sich selbst ritzbar und hat demnach den Mohs-Härtegrad 10. Silber rangiert in dieser Härteskala bei 2,7, Gold bei

2,5 bis 3, das heißt wesentlich näher am Talk als am Diamanten. Dies wiederum führt zu der Erkenntnis, daß für die Lagerung von Gold und Silber mehr rein mechanische Gesichtspunkte beachtet werden müssen als chemische.

Goldmünzen werden zumeist einzeln verpackt in Kunststoffkapseln oder Schützhüllen versendet, so daß kein mechanischer Abrieb erfolgen kann. Silbermünzen wie der 1-Unze American Eagle oder der Maple Leaf werden in Kunststoffboxen mit jeweils 20 Münzen versendet. Die Münzen in diesen Boxen sind mechanisch fest fixiert, das heißt können beim Transport nicht aneinander reiben. Bilder dieser Verpackungsmittel finden Sie auf goldseiten.de [2.51]. Gold- und Silberbarren kleinerer Einheiten werden zumeist in eine Folie eingeschweißt geliefert. Größere Einheiten, wie zum Beispiel der 5-Kilogramm-Silberbarren, werden lose verpackt geliefert.

Um die mechanische Härte zu steigern, werden einige Goldmünzen mit Kupfer legiert, so zum Beispiel der Krügerrand oder der American Eagle. Die Münzen verlieren durch die Legierung leider ihre goldene Farbe und gehen mehr ins Kupferrot. Das in der Münze enthaltene Goldgewicht wird durch diese Legierung natürlich nicht verringert. Eine Unze Gold bleibt eine Unze Gold.

Eine chemische Veränderung der Oberfläche ergibt sich mit der Zeit lediglich bei Silber. Dieser als »Anlaufen« bezeichnete Effekt dürfte von alten Silberbestecken her bekannt sein. Hervorgerufen durch die chemische Reaktion des in der Luft befindlichen Schwefelwasserstoffes mit der Silberoberfläche, bildet sich hierbei eine dunkle Schicht, die jedoch keinen Einfluß auf den Wert des Barrens oder der Münze hat. Die Reinigung kann wie folgt durchgeführt werden:

»Legen sie ein Stück Alufolie in eine Plastikschüssel mit heißem Wasser und lösen sie darin je einen Teelöffel Back-Soda und Kochsalz auf. Legen Sie das Silber auf die Folie – nach kurzer Zeit glänzt es wieder wie poliert. Beim anschließenden Trockenreiben mit einem weichen Lappen verschwinden selbst eventuelle Belagreste.« [2.52]

Achten Sie bei der Lagerung also auf eine Einzelverpackung beziehungsweise darauf, daß die einzelnen Stücke nicht aneinander reiben können. Eine luftdichte Einschweißung zum Beispiel in Lebensmittelbeutel mit einem Haushalts-Folienschweißgerät empfiehlt sich speziell bei Silberware.

10.4.2. Bankschließfach, Tresor oder doch vergraben?

Neben den zentralen Punkten, was und wo kaufen, ist der geeignete Lagerort von physischer Ware eine wichtige Frage, der man bereits im Vorfeld einige Überlegungen schenken sollte. Grundsätzlich bestehen vier Möglichkeiten:

- *Schließfach bei einer Bank*
- *Schließfächer bei privaten Sicherheitsunternehmen*
- *Privattresor im eigenen Umfeld*
- *Unkonventionelle Verstecke*

Die im Augenblick beste Lösung hinsichtlich Sicherheit und Kosten dürfte das Schließfach bei einer Bank darstellen. Die Preise variieren hierbei jedoch von Bank zu Bank sehr stark. Nach meinen Erfahrungen sind die Schließfächer bei deutschen Sparkassen und Genossenschaftsbanken billiger als bei den Instituten der deutschen Großfinanz. Die Schließfächer bei Schweizer oder Liechtensteiner Banken sind preislich um den Faktor 2 bis 3 höher als in Deutschland.

Die Größen der Schließfächer sind variabel und für Gold gut geeignet. Will man jedoch Silber einlagern, kommt man schnell an die räumlichen Grenzen der Schließfächer beziehungsweise an deren mechanische Belastbarkeit. In aller Regel sind die Tresorkonstruktionen der Banken nicht für größere Gewichte ausgelegt. Wenn Sie also zum Beispiel mehrere Silberbarren einlagern möchten, versuchen Sie ein Schließfach in der untersten Reihe zu erhalten und fragen Sie gegebenenfalls den Angestellten nach dem maximalen Gewicht, das Sie einlagern dürfen.

Im Mietzins, der normalerweise jährlich im voraus zu bezahlen ist, ist zumeist auch eine Versicherung gegen Diebstahl, Feuer und Wasserschäden eingeschlossen. Sollte die Deckungssumme dieser Versicherung nicht ausreichen, können weitere Schließfachversicherungen abgeschlossen werden. Bei der Sparkassenversicherung beträgt die jährliche Prämie für solch eine Versicherung zum Beispiel 0,75 Promille, das heißt 0,75 Euro je 1.000 Euro Versicherungssumme.

Die Einlagerung in Bankschließfächern hat jedoch auch einige Nachteile. Zunächst muß man sich im Klaren darüber sein, daß Banken verpflichtet sind, eine Meldung an das zuständige Finanzamt zu übermitteln, wenn Sie ein Schließfach anmieten. Ein Bankschließfach anonym anzumieten, ist in Deutschland daher nicht möglich. Zitat goldseiten.de:
»*Bei einer Pfändung des Kontos, im Erbfall oder sonstigen staatlichen Eingebungen – haben die Behörden vollen Zugriff! Auch müssen die Banken bei Anfrage Auskunft über die Versicherungshöhe des Schließfaches geben.*« [2.53]

Gehen Sie also ruhig davon aus, daß Ihr Finanzamt weiß, wenn Sie im Besitz eines Schließfaches mit einer Versicherungssumme von zum Beispiel 500.000 Euro bei der örtlichen Volksbank sind.

Ein weiterer Nachteil ist der limitierte Zugang zur Schließfachanlage. Hat Ihre Bank geschlossen, ist damit natürlich auch Ihr Schließfach geschlossen. Wie zuletzt in Argentinien 2002 geschehen, könnten Sie sich also bei einer landesweiten oder gar globalen Bankenkrise inmitten der wütenden Menschen wiederfinden, die Ihre Einlagen zurückfordern. Rein rechtlich gehört der Inhalt von Schließfächer zwar nicht zur Insolvenzmasse einer Bank, doch nützt dies in einer Krise wenig, wenn Sie Hunger haben und an Ihre Silbermünzen kommen müssen. Obwohl das gesamtstaatliche Umfeld im Augenblick noch stabil wirkt, könnte sich dies in einigen Jahren durchaus ändern, auch wenn wir uns dies in Deutschland derzeit nicht vorzustellen vermögen.

Grundsätzlich ist es aus diesem Blickwinkel betrachtet auch vorteilhafter, wenn überhaupt, ein Schließfach bei einer örtlichen Bank oder Sparkasse zu mieten, nicht jedoch bei einer Deutschen-, Commerz-

oder Dresdnerbank, da sich diese Institute im internationalen Papier-Finanzdickicht befinden und zu gegebener Zeit mit diesem in Schwierigkeiten kommen könnten, respektive kommen werden. Aufgrund der geschichtlichen Goldverbote wäre es zudem ratsamer, ein Schließfach bei einer Schweizer oder Liechtensteiner Bank zu mieten. Bruno Bandulet gab im Juni 2004 in seinem Magazin »Gold & Money Intelligence« diesbezüglich folgende Hinweise:

»*Schließlich zur Frage, wo man sein Gold aufbewahren soll: am besten einen Teil zu Hause, einen Teil in einem Schließfach in der Schweiz oder Liechtenstein und (sofern Sie in Deutschland wohnen) einen Teil auch in einem deutschen Schließfach am Wohnort. Die Schweiz als Lagerort sollte deswegen nicht fehlen, weil Gold dort nie verboten wurde (im Gegensatz zu Deutschland und den USA) und selbst während des Weltkrieges mit Einschränkungen gehandelt werden konnte. In der Schweiz hat man immer noch mehr Respekt vor dem Privateigentum als in der EU! Die Kosten für ein Schließfach sind unerheblich, nur setzt es voraus, daß man bei der betreffenden Bank ein Konto hat. Völlig ungeeignet als Lagerort ist New York. Ganz abgesehen von der Gefahr eines neuen terroristischen Anschlages haben die USA eine lange Tradition der Mißachtung fremden Eigentums, die bis auf den Ersten Weltkrieg zurückgeht.*« [2.54]

Die Schweiz empfiehlt sich auch deswegen als Lagerort für Gold und Silber, weil eine Änderung der Besitzrechte eine Volksabstimmung voraussetzen würde. Da diese natürlich nicht von heute auf morgen durchgeführt werden kann, bliebe im Falle des Falles immer noch eine gewisse Reaktionszeit, um Ihre Werte in Sicherheit zu bringen. Nicht umsonst lagern sehr große Mengen an Edelmetallen in Zürich.

Zudem sollten folgende rechtlichen Gesichtspunkte beachtet werden: Die heutige Bundesrepublik Deutschland ist rein völkerrechtlich gesehen nach wie vor ein besetztes Land und ohne einen Friedensvertrag mit seinen ehemaligen Kriegsgegnern. Das Land besitzt deshalb auch noch immer keine eigene Verfassung, sondern lediglich ein Grundgesetz. Im derzeit unwahrscheinlichen Falle einer Besetzung durch jedwelche ehemaligen Siegermächte könnte der Besitzstatus von Wertgegenständen von den neuen Machthabern in Frage gestellt werden. Die Geschichte zeigte leider immer wieder, daß um Gold und Silber willen betrogen, geraubt und gemordet wurde. Warum sollte gerade unsere heutige Zeit eine Ausnahme bilden?

Betrachtet man den Besitz von physischem Gold und Silber also im genannten Kontext, kann man summieren, daß es geradezu fahrläßig ist, seine gesamten Bestände an einem den Behörden bekannten Ort in Deutschland zu verwahren. Eine bessere Lösung wären Schließfächer, zum Beispiel bei privaten Sicherheitsdienstleistern. Leider sind derartige Dienstleister in Deutschland nahezu noch nicht existent, eine Lücke, die sich in den kommenden Jahren vermutlich jedoch schließen wird. Dem Autor ist lediglich die Peinemann Vermögensberatung in Göttingen bekannt, die als Privatunternehmen diese Möglichkeit bietet [2.55].

In Eschen im Fürstentum Liechtenstein bietet die private Argus Sicherheitsdienst AG ebenfalls Schließfächer an [2.56]. In der Schweiz kaufte vor einigen Jahren die SwissDataSafe AG von der Schweizer Bundesregierung eine Bunkeranlage im Gotthard-Massiv aus dem Zweiten Weltkrieg auf und funktionierte diese in eine Hochsicherheitsanlage für Informatiksysteme, Daten, Akten, Wertsachen sowie Kunst- und Kulturgüter um [2.57]. Die Preise bei diesem Dienstleister sind allerdings recht hoch.

Die Einkaufsgemeinschaft für Gold und Silber bietet ein duales Lagerkonzept: Gold wird in Bankschließfächern in Liechtenstein gelagert, Silber umsatzsteuerfrei in einem Zollfreilager in der Schweiz [2.58].

Eine weitere praktikable Lösung bietet ein Tresor in den eigenen vier Wänden. Es gibt hierbei eine Vielzahl von Anbietern und Tresorarten. Bodentresore können im Boden oder an der Wand verankert werden. Wandtresore können in eine Wand eingelassen werden (»klassische Variante« hinter einem Bild). Sogenannte Möbeltresore sind in den Abmassen kleiner und können daher zum Beispiel

in Schränke eingebaut werden. Rohrtresore sind runde Stahlkörper, die zum Beispiel in vorhandene Leerrohre eingelassen werden können.
Je nach Bauart und Verwendungszweck werden Tresore in verschiedene Sicherheitsstufen eingeteilt, die auch für die Versicherbarkeit des Inhalts von Bedeutung sind. Informationen zu diesen Stufen finden Sie zumeist auf den Homepages der Tresorhersteller, zum Beispiel unter der Internet-Adresse www.gottschalktresore.de/stufen.php. Lokale Hersteller finden Sie in den Gelben Seiten oder im Internet. Der Suchbegriff »Tresore« ergibt in der Suchmaschine google.de über 800.000 Treffer.

Sollen die Barren oder Münzen an einem unkonventionellen Ort lagern, sind Ihrer Phantasie kaum Grenzen gesetzt. Im Garten oder im Haus finden sich bestimmte Orte, an denen Münzen versteckt werden könnten. Versuchen Sie jedoch unbedingt, sich die Verstecke genau einzuprägen! Gerüchten nach wurden früher Münzen zum Beispiel oft in Hausrohren versteckt. Mit einem Detektor erkennt man zwar das Rohr, nicht jedoch, ob es einen Inhalt hat oder nicht. Wie zuvor erwähnt bildeten auch Wald, Garten und Einmachgläser schon seit jeher eine beliebte Möglichkeit. Teilen Sie die Verstecke jedoch nur wenigen und Ihnen möglichst nahestehenden Personen mit.

10.5. Schmuck und Kunst
Zum Abschluß dieses Abschnittes über das physische Investment seien der Vollständigkeit halber noch Schmuckstücke und Kunst- oder Gebrauchsgegenstände aus Gold und Silber genannt. Dies ist zumeist die erste Form, in der viele Menschen mit Gold und Silber, im wahrsten Sinne des Wortes, in Berührung kommen. Sei es der erste Ohrring aus Gold oder später der Ehering. Die Schmuckindustrie ist bei weitem der größten Abnehmer von Gold und Silber. In 2004 und 2005 reichte die Goldneuproduktion der Minen nicht aus, um nur die Nachfrage der Schmuckindustrie zu befriedigen [2.59]. Bei Silber gingen im Jahr 2005 immerhin zirka 40 % der Neuförderung in diese Anwendung [2.60].

Rein aus Anlegersicht haben Schmuckstücke den Nachteil, daß man grundsätzlich wenig Metall für sein Geld erhält, da der Hersteller der Ware (zum Beispiel der Goldschmied) seine Arbeit schließlich auch vergütet haben will. Grob gesprochen zahlt man zirka 50 % Aufgeld. Beim Verkauf dieser Gegenstände wird in aller Regel nur der reine Materialwert, der nach dem Schmelzen und Prüfen festgestellt wurde, erstattet. In aller Regel existiert kein liquider Markt für Schmuckgegenstände. Das Metall muß also aus Anlegersicht erst 100 % im Preis steigen, bevor man den »Einstandskurs« des Kaufes wieder erreicht hat.

Besonders erwähnen möchte ich die »Bullion Art« (übersetzt »Anlagekunst«) von Frauke Deutsch. Die Tochter des kürzlich – viel zu früh – verstorbenen Silberexperten Reinhard Deutsch stellt künstlerische Skulpturen aus massivem Feinsilber her [2.61].

Abbildung 2.13.: »Wächter«, 16-Kilogramm-Silberskulptur
Quelle: www.bullion-art.de

Schmuck und Kunst haben zwar immer etwas von Liebhaberei, verführen den Besitzer jedoch nicht zu leichtfertigen Verkäufen. Grundsätzlich sehe ich physische Ware immer auch als »mentale Stütze«. Allzuleicht wird der Investor von tagesaktuellen Nachrichten verführt, einen schnellen Fehlkauf oder auch einen unüberlegten Verkauf zu tätigen. Gier, Frust oder Panik sind schließlich auch bei Edelmetallfreunden allzu menschliche Eigenschaften. Eine Münze, einen Barren oder auch eine Silberskulptur, die man einmal gekauft oder geerbt hat, gibt man in der Regel jedoch nicht so schnell und unüberlegt wieder her. Ein Umstand, der sich nach meiner persönlichen Auffassung in einigen Jahren sehr auszahlen wird. Für physisches Gold und Silber gilt die »Buy and Hold«-Strategie: Kaufen und halten.

Auch der Silberexperte Ted Butler meinte in einer seiner Kolumnen, daß langfristiges Investieren die beste Möglichkeit für Erfolg biete (im englischen Orginal: »Long-term investing offers the best chance for success«).

Kapitel 11
Papiere mit voller physischer Hinterlegung

11.1. Exchange Traded Funds

Exchange Traded Funds (abgekürzt ETFs) sind börsennotierte Investmentfonds, an denen man sich wie an einer Aktie beteiligen kann. Im Gegensatz zu »normalen« Aktienfonds, die nur börsentäglich über den Emittenten gehandelt werden können, findet bei ETFs ein permanenter Handel nach den Regeln von Angebot und Nachfrage statt. Dadurch kann jedoch auch der Preis vom inneren Wert des ETFs abweichen.

Obwohl es ETFs bereits seit 1971 gibt, kam mit dem »Central Fund of Canada« [2.62] erst im Jahr 2002 der erste, mit physischem Gold und Silber hinterlegte Exchange Traded Fund auf den Markt. Hohe Wellen schlug der iShares-Silber-ETF von der britischen Barclays-Bank, der im April 2006 als erster reine Silber-ETF eingeführt wurde. Die silberverbrauchende Industrie befürchtete, daß es gar nicht genug physisches Silber für einen ETF auf dem Markt geben würde. Die Silberinvestoren freuten sich daher bereits auf stark steigende Preise, die dann allerdings doch nicht eintraten, obwohl der Fund nach eigenen Angaben sehr schnell zirka 80 Millionen Unzen Silber vom Markt absorbierte. Der Silberexperte Peter Boehringer mutmaßte daher bereits, daß der Fund nicht alle Unzen physisch halten könne [2.63].

Die folgende Tabelle soll Ihnen einen Überblick über die Gold- und Silber-ETFs geben. Einige dieser ETFs sind an deutschen Börsen gelistet, andere könnten wohl nur über ausländische Händler oder Banken erworben werden und sind somit für den »Normalinvestor« nicht interessant. Zudem wurde in Internet-Foren die Problematik diskutiert, daß laut der Bundesanstalt für Finanzdienstleistungsaufsicht (kurz »Bafin«) diese Produkte mit physischem Lieferanspruch in Deutschland generell nicht zum Vertrieb zugelassen wären und daher mit einer Art Strafbesteuerung von 70 % der Gewinne belegt werden. Als Fazit kann man also bei diesen Produkten von einer gewissen Rechtsunsicherheit ausgehen. Legt der Investor auf volle physische Hinterlegung und die Möglichkeit der Auslieferung Wert, könnten die weiter unten beschriebenen Einkaufsgemeinschaften eine gute Alternative darstellen.

Name	Internet-Adresse	WKN
Central Fund of Canada	www.centralfund.com	873782
Central Gold Trust	www.gold-trust.com	
Gold Bullion Securities	www.exchangetradedgold.com	
LyxOR Gold Bullion Securities	www.lyxorgbs.com	
StreetTRACKS Gold Shares	www.streettracksgoldshares.com	
New Gold Issuer	—	
iShares Comex Gold Trust	www.ishares.com	
iShares Silver Trust	www.ishares.com	A0JMD6
Zürcher Kantonalbank Gold ETF	zhkb.ch/boerse/funds/gold_etf.html	
Istanbul Gold ETF	www.gldtr.com/?lang=en	

Die Züricher Kantonalbank (ZKB) meldete am 13.04.2007 die Auflegung von drei neuen ETFs auf die Edelmetalle Silber, Platin und Palladium [2.104]. Diese sollen ab Mai 2007 an der SWX Swiss Exchange in Zürich notiert werden. Speziell der Silber-ETF sollte zu einer weiteren Verknappung des physischen Angebotes führen.

11.2. Metallkonten

Obwohl der Züricher Edelmetallhändler Rainer Meier behauptet, daß in der Zeit nach 1995 weltweit rund 95 % aller Edelmetallkonten aufgelöst wurden (2.684), erfreut sich dieses Produkt in den letzten Jahren wieder einer steigenden Beliebtheit. Die Schweizer Nationalbank berichtete, daß sich die Summe aller Edelmetallkonten in der Schweiz von 2001 bis 2005 von 12,8 Milliarden Franken auf 24,3 Milliarden Franken verdoppelt hätte [2.65].

Im Grunde sind Metallkonten mit einem normalen Geldkonto in einer beliebigen Währung zu vergleichen. Anstelle eines Guthabens von 345 Euro lautet es zum Beispiel auf 8,453 Gramm Gold oder 32,456 Kilogramm Silber (oder auf Unzen, Tonnen etc.). Das Guthaben entspricht einem Besitzanspruch an einer bestimmten Menge Edelmetall. Da das Edelmetall nicht direkt in den Besitz des Kontoinhabers übergeht, fällt die Mehrwertsteuer nur dann an, wenn am Ende eine Auslieferung gewünscht wird. In der Regel werden Metallkonten jedoch nur als kurz- bis mittelfristige Handelsplattform benutzt, weniger als längerfristige Anlage oder Absicherung für wirtschaftliche Krisenzeiten. Selten kommt es zu einer physischen Auslieferung von Ware. Im Unterschied zu Geldkonten erhält man auf Metallkonten in der Regel keinen oder nur einen sehr geringen Zins.

Die Experten sind sich über die grundsätzliche Natur von Metallkonten eher uneinig. So berichtete Dietmar Siebholz im April 2005:
»Die Vermutung liegt nahe, daß viele Edelmetallkonten der Banken ungedeckt sind. Der Sinn eines Edelmetallkontos ist, daß eine Bank für jemanden Gold und Silber physisch kauft und bei sich einlagert. Nun erhärtet sich der Verdacht, daß die Banken nur 10 % des physischen Bestandes tatsächlich besitzen und den Rest nur über entsprechende Terminverträge abgesichert haben. Vom Kunden verlangen die Banken dennoch den vollen Preis, der bei einer physischen Lagerung anfallen würde. Dies erweckt beim Kunden den Eindruck, daß er wirklich seine physischen Edelmetallbestände auch besitzt. Die Banken betreiben hier ein Spiel mit dem Feuer, da die Kunden sich ihre Bestände jederzeit aushändigen lassen könnten.« [2.66]

Bruno Bandulet vertritt die folgende Auffassung:
»Sie [die Edelmetallkonten; Anmerk. des Autors] bieten auch eine attraktive Alternative zum Festgeld, das derzeit nach Steuern ohnehin kaum etwas bringt.« [2.67]

Rainer Meier aus Zürich:
»Wer kurzfristig mit Edelmetallen spekulieren will, für den eignet sich ein Metallkonto in jedem Fall.« [2.68]

Ein Metallkonto eignet sich also eher für kurzfristige Spekulanten, die ohne große Gebühren in einen Markt ein- oder aussteigen wollen und für die die physische Hinterlegung von eher untergeordnetem

Interesse ist. Eine eindeutige Zuordnung von einem Barren X oder Y zu einem Kontoinhaber Schmidt oder Huber findet nicht statt. Dies könnte in einem möglichen Ernstfall natürlich zu einem Lieferausfall führen, wenn der Kontoinhaber auf Auslieferung besteht und der Kontoanbieter keine Ware mehr am Markt aufkaufen kann. Nach Ansicht des Autors eignen sich Zertifikate für diesen Zweck besser, da diese über eine Börse bequemer und schneller gehandelt werden können. Edelmetallkonten haben nur dann einen wirklichen Sinn, wenn die Hinterlegung zu 100 % vom Anbieter garantiert werden kann, sprich die gekauften Barren auch im physischen Besitz des Anbieters sind. Von Bedeutung ist hierbei dann auch, wo die Barren eingelagert werden. Ein Vorteil von Edelmetallkonten kann je nach Angebot sein, daß der Anleger mit kleinen regelmäßigen Beträgen einen monatlichen Sparplan durchführen kann.

Traditionsgemäß bieten die meisten Scheideanstalten als Service für ihre Kunden auch Metallkonten an. In Deutschland sind dies zum Beispiel (alphabetische Aufzählung, keine Wertung der Reihenfolge):

Name	*Internet-Adresse*
Allgemeine Gold- und Silberscheideanstalt	*www.allgemeine-gold.de*
Bauer Walser AG, Keltern	*www.bauer-walser.de*
Bruno Welz GmbH, Schwäbisch Gmünd	*www.bruno-welz.de*
Heimerle + Meule GmbH, Pforzheim	*www.heimerle-meule.de*
Koos Edelmetalle GmbH, Renningen	*www.koos.de*
Saxonia Edelmetalle GmbH	*www.saxonia.de*

In Österreich bietet sich die Ögussa an (www.oegussa.at), in der Schweiz Johnson-Matthey (www.johnson-matthey.ch/de/produkte/avb_mk.shtml) oder zum Beispiel die Gyr Edelmetalle AG (www.gyr.ch).

Auch einige Banken haben die Zeichen der Zeit erkannt und bieten wieder Edelmetallkonten an. In Deutschland ist dies zum Beispiel die Sparkasse Pforzheim Calw (www.sparkasse-pforzheim.de), in der Schweiz die Nidwaldner Kantonalbank (www.nkb.ch), die Raiffeisenbank Luzern (www.raiffeisen.ch) oder die Freiburger Kantonalbank (www.bcf.ch).

Der Münchner Finanzdienstleister Siegfried Weigl bietet in Zusammenarbeit mit der amerikanischen Firma Olivin Corp. ebenfalls Edelmetallkonten an, speziell für Silber wird der mehrwertsteuerfreie Kauf angeboten (www.weigl-fdl.de). Da das physische Material in New York/USA gelagert wird, ist von diesem Angebot jedoch abzuraten. Im Falle eine Krise würde man nie an sein Material kommen.

Die Firma BM Base Metal Storage/Warehouse-Organisation Ltd. mit Sitz in London beziehungsweise Bremen bietet Metallkonten für eine Vielzahl von Metallen an (www.bm-warehouse.org). Neben den Edelmetallen werden auch Industriemetalle wie Blei, Kupfer oder Aluminium zur Einlagerung angeboten. Ab 100 Euro pro Monat kann man mit einem Sparplan in einen Korb aus 22 Metallen investieren, von A wie Aluminium bis Z wie Zink, Zinn oder Zirkonium. Der Vertrieb in Deutschland obliegt der Finance-Control-Management FCM Deutschland GmbH in Karlsruhe, Herrn Roland Meid [2.69].

Eine weitere Anlagemöglichkeit bietet die Goldplan (Malta) Ltd. mit Sitz in Valetta (www.goldplan.biz). Sparpläne können ab einer Mindesteinlage von 5.000 Euro beantragt werden, Aufstockungen sind ab 500 Euro möglich. Das Gold wird bei der schweizerischen Metalor in Neuchatel gekauft und verwahrt. Als einen der Vorteile ihres Sparplanes beschreibt die Firma eine Gewinnbeteiligung in Form einer Gold-Dividende. Leider wird nicht erwähnt, wie dieser Gewinn erwirtschaftet wird. Im Grunde kann dies jedoch nur über Gold-Leihgeschäfte geschehen, die kritisch zu bewerten wären.

11.3. Einkaufsgemeinschaften

Seit einigen Jahren etablieren sich auch drei Käufergemeinschaften auf dem Edelmetallmarkt. Vorreiter war die Popp AG aus Walsrode, die 2003 die Vermögen Sicherung Gemeinschaft GmbH & CoKG (www.vermoegenssicherung.de) gründete. Der Göttinger Vermögensverwalter Wilhelm Peinemann (www.vermoegensbetreuung.com) gründete 2005 die Gemeinschaft vermögenssicherung.net und die Einkaufsgemeinschaft des Autors Jürgen Müller gab die ersten Anteile im Juni 2005 aus (www.goldsilber.org).

Bei allen drei Angeboten handelt es sich im Prinzip um Papiere mit voller beziehungsweise sehr hoher physischer Hinterlegung. Der gemeinschaftliche Ankauf und die gemeinschaftliche Lagerung und Versicherung der Barren bewirken für die Anteilseigner Preisvorteile. Die folgende Tabelle soll Ihnen einen Vergleich der Gesellschaften ermöglichen. Für Investoren, die auf eine garantierte physische Hinterlegung Wert legen, jedoch mit der Lagerung und Versicherung der Barren nichts zu tun haben wollen, sind diese Gesellschaften eine gute Alternative und ein geeigneter Baustein im persönlichen Portfolio.

Die zuvor beschriebene Firma BM Base Metal Storage/Warehouse-Organisation Ltd. sowie die Einkaufsgemeinschaft www.goldsilber.org bieten nach bestem Wissen des Autors derzeit die einzig rechtlich sicheren Möglichkeiten in Deutschland, mehrwertsteuerfrei in physisches Silber zu investieren. Bei beiden Lösungen wird die Mehrwertsteuer allerdings fällig, wenn der Investor eine physische Auslieferung seines Silbers wünscht. Wird die Unternehmensbeteiligung bei Kündigung monetär ausbezahlt, fällt jedoch ebenfalls keine Mehrwertsteuer an.

	Popp AG	Vermögensverwaltung Peinemann	Einkaufsgemeinschaft Gold Silber
a. Metalle und Aufteilung	Gold, Silber und Platin jeweils fix zu 1/3	Fix 65 % Gold und 35 % Silber UND Palladium	Gold und Silber, Aufteilung für jeden Gesellschafter individuell möglich.
b. Mindesteinlage	500 € bei Sparplan, 2.500 € zzgl. 5,5 % Agio* bei Einmalanlage	Bei Einmalanlage: 5.000 €; bei Sparplan 1000 € monatlich oder quartalsweise	Ersteinlage mindestens 500 €
c) Lagerung der Barren	Nienburg, Deutschland	Göttingen, Deutschland	Gold: Liechtenstein Silber: Schweiz
d) Nettokosten	• Agio auf Einzahlungen: 5,5 % • Jährliche Gebühr 3,13 %, ab 2008: 2,83 % [2.73] • Erfolgsabhängige Vergütung	• Agio auf Einzahlungen: max. 3,0 % (abhängig von der Zeichnungssumme) • Jährliche Gebühr: 1,8 %	• Agio auf Einzahlungen: 0,0 % • Jährliche Pauschalgebühr: 2,4 %
e) MwSt-freier Kauf von Silber?	Derzeit nein (anhängiges Rechtsverfahren bzgl. USt.-Erstattungen)	Nein	Ja
f) Gesellschafterinformationen	1x jährlich	Quartalsweise Berichterstattung über Entwicklung und Anteilsbestände	Wöchentlich per E-Mail und durch passwort-geschützten Gesellschafterbereich in der Homepage
g) Rechtsform / Haftung	GmbH & Co. KG: Haftung beschränkt auf Einlage (Gesellschafter sind Kommanditisten der Kommanditgesellschaft)	GbR: Haftung in das Privatvermögen.	GbR: Haftung in das Privatvermögen. (Anmerkung: Die Gründung einer Kapitalgesellschaft mit beschränkter Haftung ist in Vorbereitung)
h) Internetadressen	www.vermoegenssicherung.de	www.vermögenssicherung.net	www.goldsilber.org

Einkaufsgemeinschaften für Edelmetalle
(*Agio = Gebührenabzug bei Neueinlagen)

Kapitel 12
Papiere mit teilweiser physischer Hinterlegung

12.1. Aktienfonds

Da in Deutschland Fonds per Gesetz kein physisches Gold und Silber besitzen dürfen, sind diese Fonds ausnahmslos im Ausland domiziliert. Dabei hat sich das Fürstentum Liechtenstein in den letzten Jahren aufgrund seiner Rechtssicherheit, Diskretion und seinem liberalen Steuerrecht geradezu zu einem neuen Silicon Valley der Edelmetallbranche entwickelt.

Liechtenstein wird von den Rating-Agenturen Moody's und Standard & Poor's mit der höchste Auszeichnung AAA (»Triple A«) bewertet. Mit dem 1996 in Kraft getretenen Gesetz über Investmentunternehmen wurde die Grundlage für einen attraktiven und sicheren Standort geschaffen. Vier Edelmetall-Mischfonds sind hier beheimatet, die das Kapital ihrer Anleger zur Absicherung teilweise auch in physische Barren investieren.

Der Tell Gold & Silber-Fonds des Schweizer Vermögensverwalters Rolf Nef wurde Ende 2005 aufgelegt und wird im Verkaufsprospekt wie folgt charakterisiert:
»Der Tell Gold & Silber-Fonds investiert weltweit in Unternehmungen, die in der Förderung und dem Abbau von Gold und Silber (monetären Edelmetallen) tätig sind, in Derivate der beiden Metalle, Derivate von Minenaktien und -indices sowie in physisches Gold und Silber.«

Laut dem Halbjahresbericht per 30.06.2006 war der Fonds in 80 Kilogramm physisches Gold investiert und erzielte eine negative Halbjahresperformance 01.01.2006 bis 30.06.2006 von –45,4 %. Zum 09.02.2007 wurde die Rendite mit –33,2 % ausgewiesen. Die Anteile des Fonds werden in drei Klassen aufgeteilt, wobei die Mindestanlage der Klasse A ein Anteil ist (Stand 09.02.2007: 66,75 Franken). Leider sind auf der Webseite des Fonds www.tellgold.li keine detaillierten Informationen abrufbar. Im Internet finden Sie Daten zum Fonds lediglich auf der Webseite der Global Fund Services, www.gfs.li [2.70].

Der zweite in dieser Kategorie zu nennende Fonds ist der Top Gold Fonds (www.topgoldinvest.com), den Jean-Pierre Schumacher zusammen mit dem inzwischen verstorbenen Ferdinand Lips im Jahr 2003 gegründet hat. Seit Auflegung hat der Fonds eine Wertentwicklung von rund + 250 % erzielt (Stand: 14.02.2007). Von den derzeitigen 160 Millionen Euro Depotvolumen sind 10 % in physischem Gold und Silber investiert. Leider ist die Mindestanlage mit 11.000 Euro für »normale Anleger« sehr hoch gewählt.

Ebenfalls in Liechtenstein ansässig sind die zwei SafePort-Fonds von Dr. Jürg Schatz (www.safeport-funds.com). Zunächst wurde im März 2005 der SafePort Gold & Silver Fund aufgelegt, im August 2006 folgte mit dem SafePort Silver Fund ein reiner Silberfonds. Beide Fonds investieren in eine Auswahl von Minenaktien sowie als Beimischung auch in physisches Gold und Silber. Die Produkt-Flyer geben die prozentuale Aufteilung für beide Fonds wie folgt an:
- *zirka 50 % in Aktien von Gold- und Silberminen, Explorationsfirmen,*
- *zirka 35 % in physisches Gold und Silber (Lagerort: Liechtenstein),*
- *zirka 15 % in Trading- und Absicherungspositionen.*

Dem Silberfonds wird die Liechtensteiner Mehrwertsteuer von 7,6 % auf den Kauf der physischen Positionen erstattet. Nach Wissen des Autors liegen die Mindesteinlagen beider Fonds bei 2.500 Euro. Ein monatlicher Sparplan mit kleineren Beträgen ist nicht möglich.

12.2. Lebensversicherung mit Silberdeckung
Einen Exoten auf dem Edelmetallmarkt stellt sicherlich die »Fondsgebundene Lebensversicherung mit Vermögensverwaltung in Silber« der Vienna Life Versicherungsgruppe dar [2.71]. Auch diese Gesellschaft ist bezeichnenderweise in Liechtenstein beheimatet und wird unter anderem auch von Jean-Pierre Schumacher vom Top Gold Fund beraten.

Die Anlagestrategie dieser Kapitallebensversicherung liest sich in der Homepage des Anbieters wie folgt:
»Die Anlagestrategie der gegenständlichen Vermögensverwaltung ist auf eine Investition in Edelmetalle ausgerichtet. Das Schwergewicht wird jedoch auf Silber gelegt. Mindestens 70 % des Fondsvermögens wird in diverse Silberanlagen investiert. Bis zu 30 % des Fondsvermögens kann physisch in Edelmetalle gehalten werden.« [2.71]

Anfang Februar 2007 umfaßte die Anlagestruktur der Vermögensverwaltung 78 % Aktien, 10 % physisches Silber, 11,5 % Liquidität und 0,5 % derivative Absicherungen. Die Kursentwicklung im Jahr 2006 betrug + 11,1 %.

Kapitel 13
Papiere ohne physische Hinterlegung
(»Papiergold und -silber«)

Während meines Studiums an der FH Lübeck hatte ich einen Physikprofessor, der in einer Vorlesung einmal unumwunden zugab, daß er nun in den kommenden Stunden etwas erklären müsse, was er selbst nie so ganz richtig verstanden hätte. Mir ist dieser Professor noch gut und positiv in Erinnerung. Vielleicht geht es Ihnen ja auch so, wenn ich nun offen bekunde, daß ich mich mit Papiergold und Papiersilber eigentlich nicht sehr gut auskenne. Ich denke, daß meine vorigen Ausführungen sowie auch mein Engagement in der Einkaufsgemeinschaft für (physisches!) Gold und Silber mich nicht nur als studierten Physiker, sondern auch als »Edelmetall-Physiker« zu erkennen gegeben haben.

Johann Saiger meinte auf der anderen Seite in einem kürzlich erschienen Goldbrief (ich zitiere aus der Erinnerung, die Quelle konnte ich leider nicht mehr finden), daß die Gewinne im Papiergold noch für zirka zwei Jahre wesentlich höher ausfallen sollten (das heißt bis 2008 oder 2009), man dann aber in physisches Material umschichten sollte, um die Sicherheit zu erhöhen. Mit dem größten Verlaub und Respekt: Niemand kann im Vorfeld wissen, wann dieser ideale Zeitpunkt gekommen sein wird, um in Goldbarren umzuschichten. Auch Herr Saiger mit 40 Jahren Börsenerfahrung nicht. Von daher sollte sich jeder Investor genau fragen, ob er möglichst hohe Papiergewinne erzielen oder den Fokus eher auf Sicherheit legen möchte. Wahrscheinlich ist wie immer im Leben ein »goldener Mittelweg« – im wahrsten Sinne des Wortes – eine sinnvolle Variante.

Warnen sollte man jedoch explizit vor einer »Nur-Papier-Strategie«. Bei Papieredelmetallen handelt es sich zumeist um Schuldverschreibungen, die im Falle eines Falles von den ausgebenden

Instituten (den sogenannten Emittenten) nicht mehr bedient werden könnten.

13.1. Zertifikate

Im Jahr 1989 emittierte die Dresdner Bank ein erstes Index-Zertifikat auf den Deutschen Aktienindex DAX. Was damals klein und zunächst unbeachtet anfing (gehebelte Optionsscheine *[Erläuterung des Begriffs siehe folgende Seite]* waren seinerzeit der Renner), kam jedoch erst nach dem Crash im Jahr 2000 zur vollen Blüte [2.72]. Heute setzt die Zertifikate-Industrie 500 Milliarden Euro pro Jahr um (Quelle: Handelsblatt) und der Phantasie der Emittenten für neue Produkte sind keine Grenzen gesetzt. Die Finanzplattform Onvista listet in ihrer Sektion Zertifikate 61 Emittenten von A wie ABN Amro bis W wie WGZ Bank, die über 107.000 Zertifikate ausgegeben haben [2.73]. Im Schnitt werden pro Tag zirka 400 neue Zertifikate auf den Markt gebracht [2.74], für die Banken scheint dieser boomende Zweig also ein sehr profitables Geschäft zu sein.

Ein Zertifikat ist ein börsennotiertes Wertpapier in der Rechtsform einer Schuldverschreibung beziehungsweise Anleihe. Dies kann also grundsätzlich dazu führen, daß der Investor im Insolvenzfall des Emittenten nicht mehr bedient werden kann und seinen Einsatz verloren hat. Er alleine trägt also das Gläubigerrisiko. Die Bonität des Emittenten sollte also mit ein wichtiges Entscheidungskriterium sein, wobei die Bewertungen der Rating-Agenturen Standard & Poor's, Moody's oder Fitch herangezogen werden können. (*Anmerkung:* Enron hatte bis kurz vor der Mega-Insolvenz noch immer die höchsten Bonitäts-Ratings, das heißt, die Rating-Agenturen – die übrigens selbst keinerlei Kontrollen unterliegen – hatten völlig versagt. Selbiges war auch bei den Pleiten von Worldcom und Parmalat der Fall.)

Der Wert eines Zertifikates folgt stets dem Preis eines unterliegenden Basiswertes, sprich: wird von einem anderen Vermögenswert abgeleitet. Mit anderen Worten: Der Preis eines Zertifikates wird nicht, wie sonst üblich, durch Angebot und Nachfrage bestimmt. Die unterliegenden Basiswerte können Aktien, Indices, einzelne Rohstoffe, Anleihen, Körbe aus Aktien und/oder Rohstoffen, Fonds etc. sein. Handelt es sich also zum Beispiel um ein DAX-Zertifikat, so steigt der Wert des Zertifikates um 1 %, wenn auch der DAX um 1 % steigt. Hierbei wird oftmals mit einem Bezugsverhältnis von zum Beispiel 1:100 (beziehungsweise 0,01) gerechnet, um die Anlage auch für kleinere Anleger attraktiv zu machen. Ein DAX-Zertifikat mit einem Bezugsverhältnis von 1:100 würde also bei einem Indexstand von zum Beispiel 7.000 Punkten 70 Euro kosten. Zertifikate können endlos lange laufen (sogenannte »Open End«-Zertifikate) oder – wie Optionsscheine – ein bestimmtes Ablaufdatum haben, an dem der Anleger den Wert seiner Zertifikate monetär ausbezahlt bekommt. Näheres regeln die Rückzahlungsbedingungen, die im jeweiligen Verkaufsprospekt des Zertifikates nachgelesen werden können.

Neben dem bereits erwähnten Nachteil einer Schuldverschreibung bieten Zertifikate dem Anleger natürlich auch einige wichtige Vorteile, die je nach Produkttyp variieren können. Handelt es sich zum Beispiel um ein gehebeltes Produkt, so können die Gewinne überproportional steigen, wenn der Wert des Basiswertes sich in die richtige Richtung entwickelt. Ein Hebel 3 sagt also zum Beispiel aus, daß wenn der DAX um 3 % steigt, das gehebelte Zertifikat theoretisch um 9 % steigen sollte, eben 3 % multipliziert mit dem Hebel (das heißt Faktor) 3. Das Deutsche Derivate Institut e.V. definiert Hebelprodukte wie folgt:

»Produkte, bei denen ein im Vergleich zum Erwerb des Basiswertes geringer Kapitaleinsatz benötigt wird, um bei richtiger Markteinschätzung eine relativ überproportionale Wertentwicklung zu erzielen.« [2.75]

Leider funktioniert dieser Hebel auch in der anderen Richtung, das heißt, verliert der Basiswert 3 %, erleidet der Investor im obigen Beispiel auch einen Verlust von 9 %. Chancen und Risiko sind also in beide Richtungen gehebelt.

Zertifikate können wie Optionsscheine vom Typ »Long« oder »Short« sein. Long-Zertifikate steigen im Wert, wenn ihr Basiswert steigt, wohingegen Short-Zertifikate nur dann steigen, wenn ihr Basiswert fällt. Ein Zertifikat bietet also den möglichen Vorteil, auch bei fallenden Märkten Gewinne zu realisieren.

Wie bereits erwähnt, können durch Indexzertifikate ganze Märkte bequem durch ein einziges Papier abgedeckt werden (zum Beispiel DAX, S&P 500 etc.). Als weiterer Vorteil gilt die hohe Liquidität von Zertifikaten, die von den Emittenten gewährleistet wird. Will ein Anleger sein Investment beenden, bietet der Emittent stets einen marktkonformen Preis, zu dem er sein Papier zurücknimmt. Der Anleger ist also nicht den üblichen Marktkräften von Angebot und Nachfrage an den Börsen unterworfen. Der Handel erfolgt dabei über die üblichen Kanäle wie zum Beispiel Hausbanken oder Online-Broker.

Als letzter Vorteil sollte die Marktbreite genannt werden. Mittels Zertifikaten kann in Anlageklassen investiert werden, die ansonsten dem Normalanleger versperrt wären. Beispiele hierfür wären Lebendrinder, Orangensaft oder unverbleites Benzin. Kein Mensch würde sich eine Kuh kaufen, wenn er auf steigende Lebendrind-Preise spekulieren möchte oder einen Orangensaft-Tank im Garten vergraben, um an diesem Markt zu partizipieren.

Die Risiken beziehungsweise Nachteile von Zertifikaten sind neben dem Bonitätsrisiko des Emittenten ebenfalls von Produkt zu Produkt sehr verschieden. Sogenannte Turbo- oder Knock-Out-Papiere weisen ein definiertes Kurslimit auf, bei dem es zu einem Totalverlust des eingesetzten Kapitals kommen kann. Hat unser Indexzertifikat im obigen Beispiel also eine Knock-Out-Schwelle von 6.500 Punkten und fällt der DAX unter diesen Wert, so verfällt das Zertifikat entweder völlig oder unter Auszahlung einer kleinen Abfindung durch den Emittenten.

Bei Zertifikaten mit einem bestimmten Ablaufdatum ist unter Umständen die Preisbildung während der Laufzeit unklar beziehungsweise kann vom Anleger kaum nachvollzogen werden. Handelt es sich bei den Basiswerten um Aktien oder einen Aktienkorb, so kann es bei einigen Produkten zudem sein, daß der Emittent die Dividendenzahlungen der Unternehmen einbehält, das heißt weder an die Investoren ausschüttet noch wertsteigernd wieder anlegt.

Obwohl im Text bereits einige Formen von Zertifikaten genannt wurden, wollen wir im folgenden die einzelnen Typen nochmals definieren und gegeneinander abgrenzen:

- *Open-End-Zertifikate*
  Diese Papiere haben keine zeitliche Begrenzung, das heißt laufen endlos fort. Sie werden daher auch Endlos-Zertifikate genannt. Diese Form wird vor allem für Basket- oder Indexzertifikate verwendet.
- *Aktien- oder Indexzertifikate*
  Definition des unterliegenden Basiswertes, das heißt einer Aktie oder eines Indices.
- *Discount-Zertifikate*
  Bei einem Discount-Papier erwirbt der Anleger einen Basiswert zu einem reduzierten Preis, das heißt, er erhält einen Discount. Als Gegenleistung (der Emittent ist schließlich keine Wohlfahrtsorganisation) verzichtet der Anleger auf Kursgewinne, die über eine bestimmte, vorher definierte obere Grenze hinausgehen. Diese obere Begrenzung wird als »Cap« bezeichnet und definiert den maximalen Rückzahlungsbetrag am Ende der Laufzeit des Zertifikates. Weitere Varianten dieser Form sind Rolling-Discount-Zertifikate (Open-End-Variante der Discount Zertifikate), Barrier-Discount-Zertifikate mit einer zweiten, unteren Knock-Out-Schwelle, Bandbreiten-Discount-Zertifikate mit einem Cap und einem Floor (untere Grenze) oder Bonus-Zertifikate (keine Auszahlung von Dividenden).
- *Hebel-Zertifikate*
  Die Nachfolger der Optionsscheine. Höhere Chance, aber auch höheres Risiko bis zum Totalverlust. Siehe Erläuterungen im obigen Text.
- *Bonus-Zertifikate*
  Diese Zertifikate beziehen sich auf Aktien oder Indices. Der Anleger erhält am Ende seine nominelle Einlage zzgl. eines Bonus von zirka 6 – 8 % ausgezahlt. Die Absicherung nach unten wird durch den Verzicht auf Dividendenausschüttungen bezahlt.

- **Quanto-Zertifikate**
Sichern den Anleger gegen wechselkursbedingte Kursverluste ab, indem diese die Wertentwicklung des Basiswertes in der Basiswährung abbilden und bieten somit die Möglichkeit, währungsneutral zu investieren (Quelle: ABN Amro). Speziell diese Zertifikate sind für Edelmetall- beziehungsweise Rohstoffinvestoren interessant, da diese Anlageklasse weltweit in US-Dollar gepreist wird.
- **Garantie-Zertifikate**
Dem Anleger wird zumeist die Rückzahlung eines bestimmten Prozentsatzes des eingezahlten Kapitals am Ende der Laufzeit garantiert, zum Beispiel 80 oder 100 %. Wie die möglichen Gewinne für den Investor erwirtschaftet werden, unterliegt den einzelnen Produktspezifikationen und ist genauer im Verkaufsprospekt nachzulesen.
- **Expreß-Zertifikate**
Diese 2003 eingeführten Papiere bieten den Anlegern die Chance, auch in seitwärts- oder leicht fallenden Märkten eine Rendite zu erzielen. Je nach Stand des Basiswertes erhält der Inhaber eine Verzinsung, das Risiko nach unten ist durch einen Puffer ebenfalls abgesichert. Mithin eine eierlegende Wollmilchsau.
- **Strategie- und Basket-Zertifikate**
Diese Papiere decken ein bestimmtes Investmentthema ab, zum Beispiel Uran, Goldexplorer oder Wasser, und beinhalten zumeist eine Auswahl von Aktien aus eben diesem Bereich.

Viele Emittenten kombinieren die einzelnen Merkmale und versehen diese gegebenenfalls noch mit neuen wohlklingenden Namen. Die ABN Amro Bank [2.76] zum Beispiel begibt »Mini Future«-Zertifikate, die eine Kombination aus Open-End- und Hebel-Zertifikaten darstellen oder »Quanto Discount«-Zertifikate, die eine Vermengung von Discount- und Quanto-Zertifikaten sind. Zumeist können den Homepages von Emittenten oder Finanzportalen viele weitere Basisinformationen entnommen werden, siehe zum Beispiel Referenzen [2.77].

Das Derivate Forum (Vereinigung der neun größten Emittenten von Derivaten [2.78]) meldete im Januar 2007 die folgende Verteilung ihrer Anlagegelder [2.79]:
- *Garantie-Zertifikate:*   *36,5 %*
- *Bonus-Zertifikate:*   *20,4 %*
- *Discount-Zertifikate:*   *12,3 %*
- *Expreß-Zertifikate:*   *11,3 %*

Die Zertifikate mit gewissen Garantien beziehungsweise Risikopuffern haben in Deutschland demnach einen Marktanteil von zirka 80 %.

Da die Produktauswahl bezogen auf Gold und Silber sehr groß ist, kann ein Grundlagenbuch natürlich keine einzelnen Produkte hervorheben. Geht man zum Beispiel auf die Homepage der ABN Amro Bank (www.abn-zertifikate.de) und gibt im Feld »Produktsuche« den Begriff »Gold« ein, so erhält man eine Auswahl von 405 Zertifikaten, beim Stichwort »Silber« immerhin noch 219 Zertifikate.

Wenn Sie in Zertifikaten anlegen möchten, führt also kein Weg daran vorbei, sich das notwendige Rüstzeug anzueignen und entsprechende Literatur zu studieren. Im Internet eigenen sich hierfür die folgenden Seiten:
- *www.anlagezertifikate.de*
- *www.zertifikateweb.de*
- *www.zertifikate-check.de*

Einige Emittenten – zum Beispiel ABN Amro, BNP Paribas, DZ Bank, Deutsche Bank oder Goldman-Sachs – bieten kostenlose Newsletter an. Die Links zum Anmelden finden Sie gesammelt unter der Adresse
- *www.goldseiten.de/content/zertifikate/journale/*

auf goldseiten.de. Eine weitere Quelle der Information bieten natürlich Bücher. Ich persönlich habe noch kein Buch über Zertifikate gelesen, auf amazon.de werden jedoch die folgenden vier Zertifikate-Titel mit fünf Rezensionssternen geführt:

- Christian Röhl, Werner Heussinger:
  »Generation Zertifikate«
  2004, FinanzBuch Verlag, ISBN 3-898790-37-1,
  416 Seiten, Preis 24.90 EUR

- Markus Jordan:
  »Zertifikate – Simplified«
  2005, FinanzBuch Verlag, ISBN 3-898791-61-0,
  117 Seiten, Preis 12.90 EUR

- Gerald Pilz:
  »Zertifikate«
  2006, Beck Juristischer Verlag, ISBN 3-423509-03-1
  250 Seiten, Preis 10.– EUR

- Dennis Winkler:
  »Profi-Handbuch Zertifikate«
  2006, Walhalla U. Praetoria Verlag, ISBN 3-802937-97-X,
  144 Seiten, Preis 19.90 EUR

13.2. Optionen, Optionsscheine und Anleihen

Um es kurz zu machen: Der Handel mit den beiden in der Überschrift erstgenannten Instrumenten ist für den Normalanleger nicht zu empfehlen: Hohes Risiko, möglicher Totalverlust, geringe Umsätze an den Börsen (das heißt schlechte Handelbarkeit) und hohe Aufgelder seien als kurze Schlagworte genannt. Lediglich Anleihen bieten eine höhere Sicherheit und könnten als Papierinvestment in Erwägung gezogen werden.

Optionen auf Minenaktien oder auf Metalle werden nur in den USA, Australien oder Südafrika gehandelt und sind somit für den europäischen Normalanleger kaum interessant [2.80].

Optionsscheine haben stets eine begrenzte Laufzeit (Fälligkeit) und einen Hebel. Ihr Preis hängt nicht nur vom Preis des Basiswertes ab, sondern auch von der Restlaufzeit des Scheines und dem Zeitverlust. Die zuvor behandelten Zertifikate werden daher auch als Erben der Optionsscheine genannt, da sich der Anleger bei ihnen keine

Gedanken um die Restlaufzeit machen muß. Auch Optionsscheine sind daher nicht für Normalanleger geeignet.

Anleihen werden normalerweise als festverzinsliche Wertpapiere von Staaten emittiert. In Deutschland bieten nur wenige Emittenten Goldanleihen an, auf die es ironischerweise jedoch auch Zertifikate gibt [2.81]:

- **ABN Amro:**
  Gold-Wandelanleihe, ISIN: DE0003936001
  Gold Quanto Anleihe, ISIN: DE000A0ABHY1
- **HSBC Trinkaus & Burkhardt:**
  Gold-Garantieanleihe, ISIN: DE0005531818
- **WestLB:**
  Gold-Anleihe, ISIN: DE000WLB2483
- **JP Morgan:**
  Gold Protect Anleihe, ISIN: DE000JPM00D3

Bei Interesse für Papieranlagen im Bereich Gold und Silber empfehle ich Ihnen, sich das notwendige Fachwissen für den Handel mit Zertifikaten anzueignen, um Ihre Gewinnchancen zu erhöhen. Daß Derivate im gesamten Edelmetallportfolio nur einen kleinen Teil ausmachen sollten, werden wir später, in Kapitel 17 »Aufteilung eines Edelmetall-Investments«, noch diskutieren.

Kapitel 14
Aktien

Eine für viele Anleger interessante Alternative dürfte ein Investment in Minenunternehmen darstellen. Dieses Buch kann natürlich keine expliziten Einzelaktien empfehlen, wohl aber grundlegende Entscheidungskriterien aufzeigen, die für die Auswahl von Minenunternehmen beachtet werden sollten. Stets müssen Sie bedenken, daß Gold und Silber suchen, finden und fördern ein riskantes Geschäft ist, welches langjährige Erfahrung und die langfristige Bindung hoher Kapitalsummen erfordert. Auf der anderen Seite zahlen erfolgreiche Unternehmen regelmäßige Dividenden an Ihre Aktionäre, so daß sich ein Edelmetall-Investment auf diese Weise im Gegensatz zur rein physischen Anlage verzinst.

Zwei generelle Konzepte beim Investieren in Minenaktien sind sehr wichtig: Erstens die Hebelwirkung im Bezug auf die Metallpreise (»Leverage«) und zweitens die Absicherungsgeschäfte der Minenbetreiber, das sogenannte »Hedging«.

14.1. Hebelwirkung auf die Metallpreise
Physisches Gold und Silber auf der einen und Minenaktien auf der anderen Seite reagieren auf steigende Metallpreise in der Regel unterschiedlich. Hat man eine Unze Gold in der Hand und der Goldpreis steigt um 10 %, so hat man logischerweise einen Gewinn von 10 % (sieht man von den theoretischen Verkaufsverlusten einmal ab). Bei Minenaktien kann dieser Gewinn jedoch auf wundersame Art und Weise sogar um ein Vielfaches höher sein. Dieser sogenannte Hebel entsteht durch den stärker steigenden Gewinn folgendermaßen: Produziert eine Mine eine Unze Gold mit Kosten von zum Beispiel 450 Dollar, liegt der Gewinn bei einem Goldpreis von 500 Dollar bei 500 − 450 = 50 Dollar. Steigt nun, wie oben angenommen, der Goldpreis um 10 %, das heißt von 500 auf 550 Dollar, so erzielt die Mine nun einen Gewinn von 550 − 450 = 100 Dollar. Mit anderen Worten: Bei einem Preisanstieg von 10 % erwirtschaftet die Mine

100 % mehr Gewinn, der Hebel (oder der mathematische Faktor) in diesem Beispiel wäre also 10. Nimmt man nun an, daß sich der Aktienkurs der Mine bei dieser Meldung im Idealfall verdoppeln würde (wegen des doppelten Gewinns), so hätte der Aktienbesitzer also eine zehnfach bessere Rendite erwirtschaftet, als der physisch Investierte mit der Unze in der Hand.

Will man sich zwischen zwei alternativen Minenaktien entscheiden, wirkt sich dieser Hebel wie folgt aus: Stellen Sie sich bitte hierzu die zwei Minenunternehmen A und B vor. Die A-Mine baut ihre Erze im billigen Tagebau ab und verwendet hierfür die neueste und effizienteste Technologie. Deswegen kann A eine Unze Gold zum Preis von zum Beispiel 300 Dollar je Unze fördern. Die B-Mine wiederum betreibt aufgrund der geologischen Gegebenheiten den Unter-Tage-Bergbau, das heißt muß aufwendige Stollen graben, um den Goldadern zu folgen und hat demzufolge auch höhere Aufwendungen für die Sicherheit ihrer Arbeiter (Einpumpen von Frischluft in die Schächte, Abpumpen von Gasen und einlaufendem Wasser etc.). Unterm Strich belaufen sich die Produktionskosten bei B daher auf 500 Dollar je Unze.

Bei einem Goldpreis von, sagen wir, 600 Dollar je Unze erwirtschaftet Mine A also einen Gewinn von 300 Dollar und Mine B nur von 100 Dollar. Man sollte also sofort denken, daß A das bessere Investment darstellt. Was passiert aber nun, wenn der Goldpreis nachhaltig auf zum Beispiel 900 Dollar steigt? Mine A würde demnach pro Unze einen Gewinn von 600 Dollar erzielen, während die kostenintensive B-Mine nun 400 Dollar pro Unze erwirtschaften würde. In Tabellenform sähe die Rechnung übersichtlich wie folgt aus (alle Zahlen in Dollar je Unze):

	Mine A	*Mine B*
Produktionskosten	300	500
Goldpreis	600	600
Gewinn	300	100
Goldpreis steigt auf	900	900
Neuer Gewinn	600	400

Während sich der Gewinn von Mine A also »nur« verdoppelt hätte, wäre der Gewinn von Mine B sogar um den Faktor 4 gestiegen. Hätte die Börse diese Gewinnsprünge adäquat nachvollzogen, wäre also Mine B vielleicht doch die bessere Wahl gewesen.

In der Tat reagieren die Minenbetreiber auf Preisänderungen ihres Förderguts generell in der Art, daß bei steigenden Preisen kostenintensivere Erze abgebaut werden und die hochkonzentrierten, leicht zugänglichen Lagerstätten geschont werden. Die Kunst dieser Taktik besteht natürlich darin, die zukünftige Entwicklung des Goldpreises möglichst gut vorhersagen zu können. Das obige Rechenbeispiel sollte Ihnen also gezeigt haben, daß die Produktionskosten einer Mine eine wichtige Größe darstellen. Nicht unbedingt ist die Mine mit den niedrigsten Kosten auch das beste Investment, so unrealistisch das auf den ersten Blick auch scheinen mag.

Das, was sich bei steigenden Preisen als Segen erweist, kann bei fallenden Preisen natürlich auch sehr schnell zum Fluch werden. Würde der Goldpreis im obigen Beispiel auf 450 Dollar sinken, wäre Mine A noch immer profitabel, während Mine B in der Verlustzone angekommen wäre.

Die Grafik auf der folgenden Seite zeigt die beiden bekanntesten Goldminen-Indices HUI und XAU im Vergleich zum Goldpreis. Beide Indices konnten seit 2002 den Goldpreis übersteigen, wobei der HUI deutlich stärker stieg als der XAU-Index.

Was es mit diesen Indices auf sich hat und warum der HUI wesentlich stärker steigt als der XAU, wollen wir im folgenden Abschnitt erörtern.

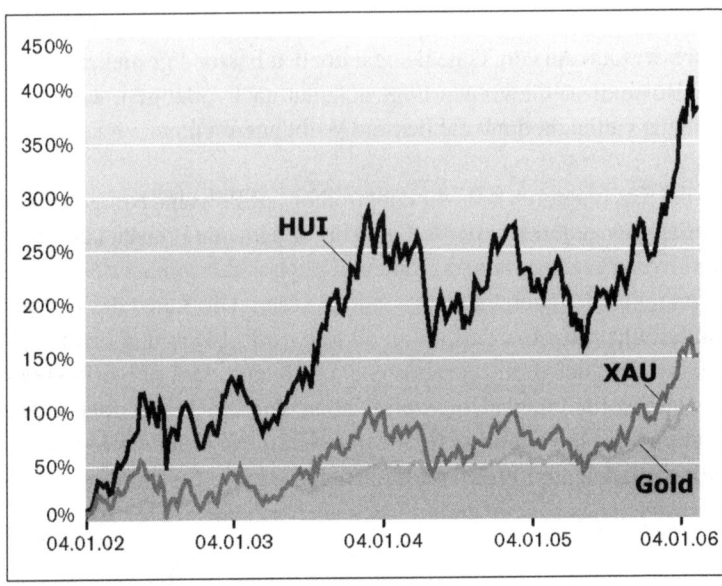

Abbildung 2.14.: Vergleich HUI, XAU-Index und Goldpreis
Quelle: Derivative Partners AG; aus [2.82]

14.2. Absicherungsgeschäfte durch Vorwärtsverkäufe: Hedging

Um es kurz zu machen: Kaufen Sie keine Aktien von Minenbetreibern, die einen Großteil ihrer zukünftigen Produktion bereits auf Termin im voraus verkauft haben. Diese Vorwärtsverkäufe limitieren in einem steigenden Markt schlicht und ergreifend den zuvor beschriebenen Hebeleffekt und berauben die Investoren eines Gutteiles ihres Gewinnes, der durch das Hedging stattdessen an die Banken umgeleitet wird.

Der Begriff »hedging« kommt aus dem Englischen und heißt dem Sinn nach übertragen »absichern«. Ursprünglich verkauften Minenbetreiber einen kleinen Teil ihrer Produktion zur Absicherung im voraus zu einem fixierten Preis, das heißt zu einem Zeitpunkt, als die verkauften Unzen noch in der Erde lagen. Fiel der Preis, so erhielt die Mine dennoch den zuvor fixierten höheren Preis und limitierte dadurch den entstandenen Verlust der restlichen Produktion. Doch was am Anfang durchaus sinnvoll war, verkam im Laufe der Zeit zu einer völligen »Las Vegas-Mentalität«. Einige Minenunternehmen hatten mehrere Jahresproduktionen im voraus verkauft, allen voran der Mega-Hedger Barrick Gold.

Stellen Sie vor einem Investment in einen Minentitel sicher, daß dieser am besten kein Hedging betreibt.

Die größten ungehedgten Minen werden im AMEX Gold Bugs Index zusammengefaßt (Symbol HUI), während die gehedgten Titel sich im Philadelphia Gold and Silver Sector Index wiederfinden (Symbol XAU). Ein direkter Vergleich dieser beiden Indices spiegelt die zuvor aufgestellten Thesen klar wider.

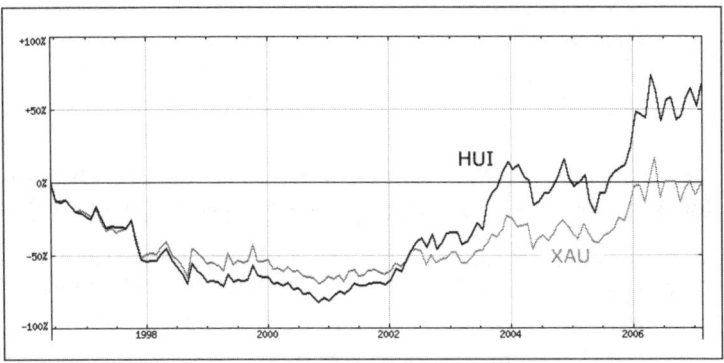

Abbildung 2.15.: Vergleich HUI (schwarze Linie) mit XAU-Index (hellgraue Linie) im Zeitraum 1996 bis 2007
Quelle: finance.yahoo.com

Bis 2001 fielen die Goldpreise, und folglich lag der Index der gehedgten (abgesicherten) Minen über dem der ungehedgten. Seit dem Trendwechsel 2001 jedoch stieg der HUI wesentlich stärker als der XAU. Da wir uns derzeit klar in einem übergeordneten Bullenmarkt befinden (die Hörner des Bullen stoßen die Kurse nach oben, die Pranken des Bären schlagen diese nach unten, daher die Symbole Bulle und Bär), sind also ungehedgte Minen zu bevorzugen.

Stand 21. März 2007 besteht der XAU-Index aus den folgenden Minenwerten [2.83]. Die Auflistung erfolgt nach der Gewichtung im Index.

Barrick Gold	17,83 %
Freeport McMoran	14,99 %
Newmont Mining	14,09 %
Goldcorp	12,18 %
AngloGold Ashanti	8,88 %
Gold Fields	8,24 %
Kinross Gold KGC	5,59 %
Harmony Gold	4,08 %
Yamana Gold	3,55 %
Agnico Eagle Mines	3,30 %
Meridian Gold	1,79 %
Pan American Silver	1,57 %
Silver Standard	1,46 %
Randgold Resources	1,15 %
Coeur D' Alene	0,80 %
Royal Gold	0,52 %

Der HUI-Index der American Stock Exchange besteht, ebenfalls Stand 21. März 2007, aus den folgenden Werten [2.84]:

Newmont Mining	14,75 %
Goldcorp	14,72 %
Freeport McMoran	9,86 %
Golden Star Resources	5,31 %
Hecla Mining	5,24 %
Eldorado Gold Corp	5,20 %
Kinross Gold	5,14 %
Harmony Gold	5,12 %
Gold Fields	5,09 %
Yamana Gold	5,06 %
Randgold Resources	4,99 %
Meridian Gold	4,97 %
Iamgoldcorp	4,95 %
Agnico Eagle Mines	4,90 %
Coeur d'alene Mines	4,69 %

Es ist unschwer zu erkennen, daß einige Unternehmen, wie zum Beispiel Harmony und Gold Fields, in beiden Indices vertreten sind. Eine mögliche Erklärung für diese, eigentlich unsinnige Tatsache ist die, daß die Börse von Philadelphia als Erfinder des XAU-Indices aus »politischen Gründen« nicht weiter hinter dem HUI zurückfallen will und daher, wenn es inhaltlich halbwegs zu vertreten ist, einfach die gleichen Werte in den Index nimmt. Wie dem auch immer sei, achten Sie darauf, nur in ungehedgte Einzelwerte zu investieren und richten Sie sich daher gegebenenfalls nach den Unternehmen, die im HUI-Index gelistet sind.

14.3. Reserven und Ressourcen eines Unternehmens

Im Zuge der Entwicklung eines Minenprojektes führen die Unternehmen in der Regel sehr viele Probebohrungen durch, um einen geologischen Plan der Erzkörper zu erhalten und festzustellen, wieviele Unzen sich im Boden befinden und damit, ob ein Projekt wirtschaftlich ist oder nicht. Die Unternehmen wissen daher in der Regel erstaunlich genau, wieviele Reserven und Ressourcen sich auf ihren Minengeländen befinden. Immer wieder werden positive Ergebnisse von erfolgreichen Probebohrungen von den Gesellschaften publiziert, um damit neue Anleger anzulocken.

Zur Definition: Ressourcen sind bekannte Vorkommen, die jedoch im Gegensatz zu den Reserven wirtschaftlich nicht (oder noch nicht) gewonnen werden können. Das heißt, erst bei steigenden Preisen werden Ressourcen zu Reserven, da dann die Wirtschaftlichkeit ihres Abbaus gegeben ist. Reserven wiederum können in bewiesene Reserven (»proven reserves«) und mögliche Reserven (»probable reserves«) unterteilt werden. Teilt man nun die jährliche Produktion eines Unternehmens durch deren bewiesene Reserven, so kommt man auf die Lebensdauer der vorhandenen Reserven. Beispiel: Unsere Mine A fördert pro Jahr 250.000 Unzen Gold und hat nachgewiesene Reserven von 1,5 Millionen Unzen, so besitzt das Unternehmen eine aktuelle Lebensdauer von 6 Jahren. Je höher dieser Wert ist, um so besser.

Der Amerikaner Jason Hommel führte eine interessante »Unzen-im-Boden«-Formel ein, um Minen anhand der Börsenbewertung ihrer Reserven vergleichbar zu machen. Diese Liste publizierte er bis Juli 2005 in einem kostenlosen Newsletter. Die letzte Ausgabe dieses Newsletters ist zum Glück im Internet noch verfügbar und unter der Adresse

www.silverstockreport.com/reports/silverstockreport57.html

abrufbar. Seine Methode beschreibt sich am besten anhand eines Beispieles. Nehmen wir die Avino-Aktie (ISIN: CA0539061030). Dieses Unternehmen hatte im Juli 2005 eine Marktkapitalisierung (= Anzahl der Aktien multipliziert mit deren Börsenkurs) von 18,4 Millionen US-Dollar und Reserven von 105 Millionen Unzen Silber. Eine Reserveunze wurde an der Börse damals also mit ungefähr 0,175 Dollar bewertet. (*Anmerkung:* Hommel teilt dann anschließend noch den aktuellen Silberpreis durch diesen Wert und erhält dadurch die Zahl 40. Diese entspricht der Unzenzahl, die man theoretisch erhält, wenn man den aktuellen Gegenwert von einer Unze Silber in diese Aktie investieren würde. Nach meinem mathematischen Verständnis ist dieser Schritt jedoch nicht notwendig, um Aktien miteinander vergleichen zu können. Der Wert, mit dem eine Reserveunze eines Unternehmens an der Börse bewertet wird, reicht hierfür völlig aus.)

Im Gegensatz zur Avino-Bewertung von 0,175 Dollar je Reserveunze wurden große Produzenten wie zum Beispiel Pan American Silver damals mit 1,63 Dollar je Reserveunze oder Apex Silver mit 1,42 Dollar je Reserveunze an der Börse bewertet (das heißt einem Faktor 9 höher als Avino).

Der aktuelle und zukünftige Wert eines Minenunternehmens liegt also klar in seinen Erzreserven, die jedoch logischerweise im Laufe der Produktion immer weiter abnehmen. Eine Mine sägt also sozusagen ständig an dem Ast, auf dem sie selber sitzt. Ist die Mine leer, ist das Unternehmen wertlos geworden, und die Arbeiter und Aktionäre können nach Hause gehen. Ein gutes und vorausschauendes Management betreibt daher immer mehrere Minen mit verschieden langer Restlebensdauer der Reserven und sorgt obendrein durch eine erfolgreiche Exploration (oder Zukäufe) dafür, daß die Gesamtreserven des Unternehmens nicht abnehmen oder sogar noch wachsen.

14.4. Weitere Entscheidungskriterien

Eine weitere Kenngröße, um Minenaktien vergleichen zu können, ist die Börsenkapitalisierung je produzierter Unze. Würde, um beim obigen Beispiel zu bleiben, Avino also zum Beispiel 250.000 Unzen Gold pro Jahr fördern, wäre die Börsenkapitalisierung je Unze

$$\frac{18,4 \text{ Millionen Dollar}}{250.000 \text{ Unzen}} = 73,60 \text{ Dollar je Unze}$$

Würde eine zweite Aktie bei diesem Wert auf, sagen wir, 120 Dollar je Unze kommen, so wäre Avino natürlich klar der bessere Kauf. Die traditionellen Kenngrößen, wie zum Beispiel das Kurs-Gewinn-Verhältnis (KGV), sollten ebenfalls beachtet werden. Je niedriger dieses ist, um so billiger wird die Aktie an der Börse bewertet. Im langfristigen historischen Schnitt lag der KGV bei amerikanischen Aktien bei ungefähr 15. Bei KGV 5 bis 10 waren Aktien billig, über 20 teuer.

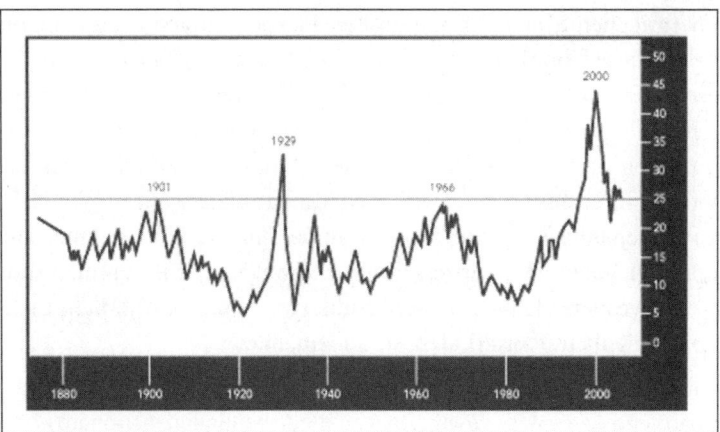

Abbildung 2.16.: Über zehn Jahre gemitteltes Kurs-Gewinn-Verhältnis amerikanischer Aktien von 1880 bis 2006
Quelle: Robert J. Shiller [2.85]

Ende 2006 lag das KGV in Amerika bei zirka 25 und damit im historischen Kontext noch immer sehr hoch. Die Zahlungen von Dividenden in den zurückliegenden Jahren sollten ebenfalls beachtet werden.

Fassen wir bis hierher nochmals kurz zusammen: Interessieren Sie sich für Minenaktien, müssen Sie die Produktionskosten der Minen berücksichtigen: ob und in welchem Umfang die Firmen Vorwärtsverkäufe von noch nicht geförderten Unzen tätigen und mit welchem Betrag die ausgewiesenen Reserven und die produzierten Unzen an der Börse im Vergleich zu anderen Minenunternehmen bewertet werden. Letztere Werte sollten natürlich möglichst niedrig liegen. Das KGV sollte ebenfalls möglichst niedrig sein, die Dividendenpolitik aktionärsfreundlich und das Management so erfahren und vorausschauend, daß die Gesamtreserven des Unternehmens eine lange Lebensdauer aufweisen.

14.5. Explorer, Juniors und Seniors

Börsianer unterteilen Minenunternehmen in Explorer, Juniors und Seniors. Explorerfirmen fördern keine einzige Unze, sondern untersuchen lediglich ihre Liegenschaften auf Vorkommen und hoffen im übertragenen Sinne auf den großen Jackpot. Junior-Unternehmen haben diese Vorarbeiten bereits abgeschlossen und haben zumindest eine Mine in Produktion gebracht (ein Vorgang, der, nebenbei bemerkt, bis zu 7 oder 8 Jahre in Anspruch nehmen kann). Senior-Produzenten sind die großen Spieler des Marktes und produzieren seit vielen Jahren aus unterschiedlichen Minen auf der ganzen Welt. Die zuvor genannte Liste von Jason Hommel führt 72 Unternehmen auf und gibt Ihnen einen ersten Eindruck, in welche Firmen man sein Geld investieren kann. Eine sehr umfangreiche und ausführliche Liste von Minenbetreibern finden Sie zudem unter

www.goldseiten.de/content/minen/index.php

im Internet. Kaufen Sie nie nur Explorer oder nur Juniors. Achten Sie auf eine Mischung zwischen einigen großen Produzenten und einigen Juniors oder Explorern. Letztere haben zumeist ein höheres

Kurspotential, jedoch auch höhere Risiken. Wenn ein Explorer auf seinem Gelände keine wirtschaftlich abbaubaren Erze entdeckt, sind viele Millionen buchstäblich in den Sand gesetzt worden. Stoßen die Geologen hingegen auf ein großes Vorkommen, kann sich die Aktie innerhalb von wenigen Wochen verzehnfachen und die großen Produzenten klopfen für eine Übernahme an die Tür. Um eine größere Zahl von Minenaktien zu kaufen, können Aktien- oder Rohstofffonds in Betracht gezogen werden, siehe hierzu Kapitel 15.

14.6. Geographische und politische Risiken

Das aktuelle Beispiel Bolivien zeigt, daß politische Risiken ebenfalls mit in Betracht gezogen werden müssen. Der bolivianische Präsident Evo Morales ist derzeit bestrebt, den Rohstoffreichtum seines Landes wieder in staatliche Hände zu überführen und enteignet schlicht und ergreifend die derzeitigen Betreiber von Minen oder sonstigen bergbaulichen Anlagen. Ein Investment in Minentitel sollte also, wenn möglich, in politisch stabilen Regionen erfolgen, wie zum Beispiel Kanada oder Australien. Investieren Sie nie nur in einer einzigen Region, sondern achten Sie auf die regionale Streuung Ihrer Anlagen.

Durch den Trading With The Enemy Act von 1917 und den International Emergency Economic Powers Act von 1978 könnten Anlagen in den USA in den kommenden Jahren unwiederbringlich enteignet werden. Lesen Sie hierzu bitte den sehr interessanten Artikel »Kapitalanlagen – Sicher in Amerika?« von Johann Saiger im Internet [2.86].

Generell gesprochen sollten bei großen politischen Veränderungen die Edelmetallpreise steigen, die Minenwerte jedoch fallen. Auch von diesem Gesichtspunkt aus ist ein ausschließliches Investment in Minenaktien nicht ratsam. Ein Grundstock an physischem Material sollte in keinem Depot fehlen. Dazu in Kapitel 17 mehr.

Zum Glück sind sehr viele Minenunternehmen an deutschen Börsen gelistet und können daher bequem wie jede andere Aktie auch zum Beispiel über einen Discount-Broker [2.87] oder Ihre Hausbank geordert werden. Vermeiden Sie jedoch sogenannte ADR-Aktien (ADR = American Depositary Receipts), da diese im Grunde nur von amerikanischen Banken ausgegebene Zertifikate sind [2.88].

Plazieren Sie Ihre Kaufaufträge immer bei der jeweils umsatzstärksten Börse und setzen Sie Kauflimits. Gerade bei den kleinen Werten können böse Überraschungen eintreten, wenn man ohne Limit kaufen würde.

14.7. Liste der größten Gold- und Silberproduzenten

Die folgenden beiden Listen beinhalten die jeweils 20 größten Gold- und Silberproduzenten, das heißt die Senior-Unternehmen der Branche (Quelle [2.89]). Diese sollten sich auf längere Sicht gesehen als lohnende und sichere Investments herausstellen. Die meisten dieser Unternehmen sind börsennotiert und an deutschen Handelsplätzen gelistet (siehe ISIN-Nummern).

Die gesamte Liste der 100 größten Goldproduzenten finden Sie im Internet unter der Adresse *www.goldsheetlinks.com/ptable.htm,* die Liste der 63 größten Silberproduzenten unter der Adresse *http://www.goldsheetlinks.com/agtable.htm.*

Sie haben auf den letzten Seiten gesehen, daß man sich viel Zeit für die Auswahl von geeigneten Minenaktien nehmen sollte. Haben Sie an dieser Arbeit keinen Spaß oder einfach keine Zeit, empfiehlt es sich, einen guten Newsletter zu abonnieren (siehe Kapitel 25) oder die Arbeit an Fondsmanager zu delegieren, wobei wir beim Thema Aktienfonds angelangt wären.

Goldproduzenten

Name	ISIN	Land	Prod. 2006 [Uz.]	Zum Vorjahr	Internet
Barrick Gold	CA0679011084	Kanada	8.647.000	−4,9 %	www.barrick.com
Newmont Mining	US6516391066	USA	5.871.000	−15,7 %	www.newmont.com
Anglogold Ashanti	ZAE000043485	Südafrika	5.634.000	−8,6 %	www.anglogold.com
Gold Fields	ZAE000018123	Südafrika	4.183.000	−5,2 %	www.goldfields.co.za
Harmony Gold	ZAE000015228	Südafrika	2.344.000	−9,5 %	www.harmony.co.za
Goldcorp	CA3809564097	Kanada	2.125.000	+34,4 %	www.goldcorp.com
Kinross Gold	CA4969024047	Kanada	1.822.000	−2,4 %	www.kinross.com
Freeport McMoRan	US35671D8570	USA	1.737.000	−37,8 %	www.fcx.com
Zijin Mining	CN000A0BKW45	China	1.584.000	+219,4 %	english.zjky.cn
Newcrest Mining	AU000000NCM7	Australien	1.534.000	+7,5 %	www.newcrest.com.au
Buenaventura	PEP612001003	Peru	1.503.000	−16,3 %	www.buenaventura.com
Xstrata plc	GB0031411001	Großbritannien	1.499.000	+16,6 %	www.xstrata.com
China Gold Group	—	China	1.350.000	+25,0 %	www.chinagoldgroup.com
Polyus Gold	US6781291074*	Rußland	1.215.000	+12,9 %	www.polyusgold.com/eng/
Shandong Gold	—	China	1.180.000	+3,1 %	www.sd-gold.com *(nur chin.)*
IAMGold	CA4509131088	Kanada	1.034.000	−4,7 %	www.iamgold.com
Rio Tinto plc	GB0007188757	Großbritannien	1.001.000	−42,0 %	www.riotinto.com
Lihir Gold	PG0008974597	Pap. Neuginea	650.000	+9,1 %	www.lihir.com.pg
Centerra Gold	CA1520061021	Kanada	582.000	−26,0 %	www.centerragold.com
DRDGold	ZAE000058723	Südafrika	545.000	−7,9 %	www.drdgold.com

* nur als ADR handelbar, siehe diesbezügliche Hinweise unter 14.6.

Silberproduzenten

Name	ISIN	Land	Prod. 2006 [Uz.]	Zum Vorjahr	Internet
Penoles	MXP554091415	Mexiko	1459,1	− 1,1 %	www.penoles.com.mx
KGHM Polska	PLKGHM00017	Polen	1241,6	− 0,2 %	www.kghm.pl
BHP Billiton	GB0000566504	Großbritannien	1093,6	-31,1 %	www.bhpbilliton.com
Xstrata plc	GB0031411001	Großbritannien	774,9	− 6,6 %	www.xstrata.com
Kazakhmys	GB00B0HZPV38	Großbritannien	669,8	+ 5,4 %	www.kazakhmys.com
Barrick Gold	CA0679011084	Kanada	646,9	− 7,5 %	www.barrick.com
Buenaventura	PEP612001003	Peru	558,2	+23,7 %	www.buenaventura.com
Polymetal	—	Rußland	538,0	− 8,6 %	www.polymetal.ru
Grupo Mexico	MXP370841019	Mexiko	517,3	−12,6 %	www.gmexico.com
Rio Tinto plc	GB0007188757	Großbritannien	428,7	− 7,9 %	www.riotinto.com
Pan American	CA6979001089	Kanada	403,4	+ 3,7 %	www.panamericansilver.com
Coeur d'Alene	US1921081089	USA	396,5	− 9,4 %	www.coeur.com
Volcan	PEP648014202	Peru	345,2	+ 0,0 %	www.volcan.com.pe
Jiangxi	CN0009070615	Hong Kong	319,9	+34,6 %	www.jxcc.com
Hochschild	GB00B1FW5029	Großbritannien	311,0	—	www.hochschildmining.com
Zinifex	AU000000ZFX1	Australien	310,8	+ 7,7 %	www.zinifex.com
Codelco	—	Chile	286,1	—	www.codelco.com
Silver Wheaton	CA8283361076	Kanada	279,6	+16,3 %	www.silverwheaton.com
Managem ONA	—	Marokko	245,7	—	www.managem-ona.com/english/
Comsur	—	Bolivien	233,3	—	—

Kapitel 15
Aktienfonds

15.1. Reine Edelmetallfonds

In Kapitel 11 hatten wir bereits die Exchange Traded Funds (ETFs) erörtert, die das Kapital ihrer Investoren in physisches Gold und Silber anlegen (oder besser gesagt laut deren Prospekten anlegen sollten). Im folgenden wollen wir uns das Grundwissen zu Aktienfonds aneignen und die wenigen Edelmetallfonds am Markt auflisten.

Normalerweise werden Aktienfonds, im Gegensatz zu den ETFs, im außerbörslichen Handel über die Fondsgesellschaften ge- und verkauft. Die Kursfeststellung erfolgt dabei einmal am Tag oder einmal in der Woche (wie zum Beispiel bei den teilgedeckten Liechtensteiner Fonds, die wir in Kapitel 12.1. kennengelernt haben). Die bisherige Kursentwicklung, die Zusammensetzung des Fonds und die Strategie der verantwortlichen Fondsmanager können wichtige Anhaltspunkte und Entscheidungshilfen für den Kauf von Fondsanteilen sein.

Ein weiteres Kriterium für Fonds können die Standard & Poor's »Fund Stars«-Auszeichnungen sein sowie das S&P Fund Management Rating. Standard & Poor's ist neben Moody's und Fitch Ratings einer der führenden Anbieter für Bonitäts- und Risikobewertungen [2.90]. Schneidet ein Fonds besser als seine unmittelbaren Mitbewerber ab, so kann er bis zu fünf S&P-Sterne erhalten. Das Management kann ebenfalls mit Ratings von »AAA« (zuverlässige und stabile Firmen höchster Qualität) bis NR (»not rated«, das heißt kein Rating) bewertet werden. Weitere Informationen finden Sie im Internet unter Referenz [2.91].

Um zwei Beispiele zu nennen: Der Merrill LIIF World Gold A (ISIN LU0055631609) wird derzeit mit vier S&P-Fund-Stars bewertet, seine Manager Graham Birch und Evy Hambro mit dem bestmöglichen Rating AAA (»Triple A«). Der SGAM Fund Equities Gold Mines erhält fünf S&P-Fund-Stars.

Neben den S&P-Ratings gibt es mit der Morningstar-Gruppe [2.92] noch eine zweite Bewertungsagentur, die an gute Fonds Sterne als Auszeichnung vergibt. Dabei werden die Kosten des Fonds und seine Rendite mit in die Berechnungen einbezogen. Weitere Informationen finden Sie unter Referenz [2.93] im Internet. Von Morningstar werden derzeit der Craton Capital Precious Metal Fund (ISIN: LI00 16742681) und der MLIIF World Gold Fund (ISIN: LU0055631609) mit der Höchstzahl von fünf Sternen ausgezeichnet. Der AIG Equity Fund Gold (ISIN: CH0002783535) folgt mit vier Sternen.

Die generellen Vorteile eines Fonds liegen auf der Hand. Man überläßt die Auswahl der Aktien geschulten und erfahrenen Managern, die die Entwicklungen der Unternehmen fortlaufend im Auge haben und besser informiert sein sollten, als Sie es als Privatinvestor je sein könnten. In der grauen Theorie sollte dies also zu besseren Renditen führen. Weiterhin kann man mit relativ wenig Kapital die oben besprochene Diversifizierung hinsichtlich Produzenten, Juniors, Explorern und hinsichtlich der geographischen und damit politischen Diversifikation ermöglichen. Warren Buffett soll zwar mal gesagt haben:
»*Diversifikation ist ein Schutz gegen Unwissenheit. Sie macht sehr wenig Sinn für diejenigen, die wissen was sie tun.*«

Doch sollte der ordinäre »Freizeit-Investor« nach meiner Auffassung gerade im Minensektor dies nicht tun, um größere Verluste zu vermeiden. Auch im aktuellen Bullenmarkt haben es Goldminen geschafft, Konkurs zu gehen und damit die Gelder ihrer Investoren wie zu besten Dotcom-Zeiten zu vernichten (besser gesagt: in andere Hände umzuverteilen).

Ein weiterer Vorteil von Aktienfonds ist die Möglichkeit, regelmäßig konstante Beträge in Form eines Sparplanes einzahlen zu können. Man erreicht durch solche kontinuierlichen gleichmäßigen Einzahlungen den sogenannten Durchschnittskosteneffekt (Cost-Average-Effect), das heißt glättet große Kursschwankungen besser aus, da man bei Kurseinbrüchen mehr Anteile erwirbt [2.94]. Langfristig erzielt man so einen günstigeren Einstiegskurs der gesamten Position.

Der Nachteil von Aktienfonds liegt ebenso auf der Hand. All die oben beschriebenen Leistungen kann man natürlich nicht umsonst erwarten, sprich: ein Aktienfonds verursacht – im Gegensatz zu Einzelaktien – laufende Kosten. Hat man sich für zum Beispiel zehn Minentitel entschieden und diese über seinen Broker gekauft, liegen sie im Depot und verursachen – wenn überhaupt – nur geringe Depotkosten. Die Kosten von Aktienfonds jedoch können vielschichtig sein.

Zunächst wird sehr oft ein Ausgabeaufschlag (auch »Agio« genannt) erhoben. Das heißt, wenn man 100 Euro einzahlt, werden erstmal zum Beispiel 5 Euro abgezogen und nur 95 Euro in Fondsanteilen erworben (sinnigerweise heißt Agio auf italienisch »Bequemlichkeit«, das heißt, diese 5 Euro sind erstmal bequem verdientes Geld für die Fondsgesellschaften beziehungsweise für deren Vermittler, die in der Regel dieses Agio zu einem Großteil als Provision erhalten). Weiterhin werden Management-Gebühren erhoben, die in der Grös-senordnung von zumeist 1,5 bis 2 % p.a. liegen können. Die Depotbank erhebt jährliche Depotkosten für die Verwaltung und Lagerung der Fondsanteile.

Neben diesen drei Kostenblöcken Agio, Management und Depotkosten erheben einige Gesellschaften auch Sonderkosten, zum Beispiel in Form von Beteiligungen am Gewinn, wenn dieser ein definiertes Level erreicht oder überschreitet. Zehn Prozent und mehr auf den erzielten Fondsgewinn sind beispielsweise keine Seltenheit. (*Nebenbemerkung:* Hedgefonds sind in diesem Bereich oftmals alles andere als zimperlich und verlangen sehr hohe Gebühren. So offeriert zum Beispiel ein österreichischer Anbieter Fonds mit bis zu 6 % jährlicher Managementgebühr und einer Gewinnbeteiligung von bis zu 35 %; neben dem hohen Risiko und der Intransparenz noch ein Grund, die Finger von Hedgefonds zu lassen.)

Auf den folgenden beiden Seite finden Sie eine alphabetische Liste der reinen Edelmetallfonds sowie deren Internetadressen für Ihre eigene Recherche.

Edelmetallfonds

Name	ISIN	Auflage	Fondsgesellschaft	Internet
AIG Equity Fund Gold	CH0002783535	03/1992	AIG Privat Bank AG	www.aigprivatebank.com
ASA Ltd. Registered Shares	BMG3156P1032	11/2004	ASA (Bermuda) Ltd.	www.asaltd.com
Commodity Alpha OP	LU0229477533	10/2005	Oppenheim Pramerica	www.oppenheimpramerica.de
Craton Capital Precious Metal	LI001674268I	11/2003	Craton Capital	www.cratoncapital.com/funds/pmf_en.asp *(englisch)* www.goldseiten.de/content/fonds/craton_capital.php
CS Equity Fund Global Gold	CH0002771605	02/1986	Credit Suisse Asset Management	www.csam.com/de
DJE Gold & Ressourcen	LU0159950077	01/2003	DJE Investment S.A.	www.dje.lu
DWS Goldminenaktien Typ 0	DE0009769828	11/1997	DWS Investment GmbH	www.dws.de
DWS Invest Gold and Precious Metals	LU0273165570 LU0273148212 LU0273159177 LU0273177823	11/2006	DWS Investment S.A	www.dws.de / www.dws.lu
Gold Equity Fund USD B	LU0175576296	09/2003	Julius Baer Investment Funds	www.juliusbaer.ch
HPM Invest RV Golden Dynamic Plus	LU0155611493	10/2002	HPM Portfolio Management	www.hpm-online.de/content/index.php?779333 goldseiten.de/content/fonds/golden_dynamic_plus.php

Fund	ISIN	Date	Company	Website
LODH Invest – World Gold Expertise	LU0172581844 LU0172582818 LU0172583626 LU0172584434	08/2003	Lombard Odier Invest	www.lodh.com
MLIIF World Gold Fund	LU0055631609 LU0171305266 LU0090827436	01/2004	Black Rock GmbH	www.blackrock.com/de
NESTOR Gold Fonds	LU0147784465	06/2002	NESTOR Investment Management S.A.	www.nestor-fonds.de www.goldseiten.de/content/fonds/nestor_gold.php
PEH Q Goldmines	LU0070355788	11/1996	PEH Wertpapier A	www.peh.de www.goldseiten.de/content/fonds/peh_q_goldmines.php
PIONEER Gold Stock	AT0000857040 AT0000675095 AT0000674916	05/1985	Pioneer Investments Austria	www.pioneerinvestments.at
SGAM Fund Equities Gold Mines	LU0123770702 LU0006229875	05/1988	SG Asset Management	www.sgam.com
STABILITAS Silber und Weissmetalle	LU0265803667	09/2006	Axxion S.A	www.axxion.lu
SWISSCANTO (CH) Equity Fund Gold	CH0001223822	04/1996	Swisscanto Fondsleitung AG	www.swisscanto.ch
UBS (CH) Equity Fund Gold	CH0002788690	12/1988	UBS Fund Management AG	www.ubs.com

15.2. Rohstoffonds mit Edelmetallanteilen

Rohstoffe kommen immer mehr ins Blickfeld der Anleger, da vor allem der asiatische Hunger nach Kupfer, Nickel und Co. ungebremst wächst. Gleichzeitig belegen die geologischen Statistiken natürlich auch im Bereich der Industriemetalle, daß unsere Erde nur endliche Vorräte bietet. Der Ökonom und Harvard-Professor Kenneth Rogoff [2.95] vertritt daher auch folgende Meinung:

»*Zumindest für die nächsten 50 bis 75 Jahre werden die Preise für viele natürliche Ressourcen steigen.*«

Professor Rogoff zielt mit diesem Statement auf die geologischen Reserven einerseits, wie auch die Entwicklung der Weltbevölkerung andererseits ab. Die UN prognostiziert, daß die Weltbevölkerung erst ab zirka 2050 wieder schrumpfen wird und demzufolge dann auch die Nachfrage nach Rohstoffen wieder zurückgehen sollte *(siehe hierzu auch die Anmerkungen am Beginn des vierten Teils dieses Buches).*

Diesem grundlegenden Trend folgend, gibt es immer mehr Rohstoffonds, die auch einen gewissen Anteil an Edelmetallen beinhalten. Eine gute Liste von Rohstoffonds inklusive deren Entwicklung im Jahr 2006 finden Sie im (kostenlosen) »Rohstoff-Spiegel«, Ausgabe 14/2006 auf Seite 22 [2.96]. Nach dieser Liste erwirtschafteten im letzten Jahr die folgenden 20 Fonds die beste Rendite für ihre Anleger:

Fonds	ISIN	Rendite
Stabilitas – Gold+Resourcen	LU0229009351	+48,90 %
Dow Jones STOXX (SM) 600 Construction & Materials	DE0006344740	+37,80 %
Dow Jones STOXX (SM) 600 Basic Resources (EX)	DE0006344724	+37,70 %
DB Platinum Commodity Euro R1C	LU0216467174	+37,61 %
Craton Capital Melchior Precious Metal Fund	LI0016742681	+31,90 %
dit-Rohstoffonds A (EUR)	DE0008475096	+30,53 %
FORTIS L FUND Equity Materials Europe C	LU0123341769	+30,26 %
streetTRACKS (SM) MSCI Europe Materials (SM) ETF	FR0000001794	+30,18 %
ING (L) Invest – European Materials X Cap.	LU0127788213	+29,96 %
VCH Expert Natural Resources B	LU0184391075	+29,93 %
MLIIF World Mining Fund A2 EUR	LU0172157280	+29,82 %
cominvest Fondiro	DE0008471160	+28,15 %
Carmignac Commodities	LU0164455502	+26,12 %
Gold Equity Fund (USD) B	LU0175576296	+26,07 %
JPM Global Natural Resources A – EUR (acc)	LU0208853274	+26,01 %
Dow Jones STOXX (SM) 600 Construction & Materials	DE000A0F5T02	+25,93 %
SOGELUX Fund EQUITIES – Gold Mines A	LU0006229875	+24,23 %
NESTOR Gold Fonds	LU0147784465	+23,11 %
PEH Q-Goldmines	LU0070355788	+22,23 %
CS Equity Fund (Lux) Global Resources H EUR	LU0145373253	+22,00 %

Kapitel 16
Digitales Gold-Geld

16.1. Digitale Goldwährungen als Investment

Seit 1996 entstanden mittlerweile zehn Digitalgeld-Anbieter (»Digital Gold Currency«, abgekürzt DGC), die ihr umlaufendes digitales Geld mit realen Edelmetallen hinterlegen. Stand Januar 2007 hielten diese Anbieter 9,5 Tonnen Gold in einem Wert von rund 184 Millionen Dollar [2.97].

Da bei einigen der Bezahlsysteme ein Auslieferungsanspruch besteht, könnte man diese theoretisch auch als Goldinvestor nutzen. Das große Problem ist jedoch darin zu sehen, daß die meisten Anbieter ihre Goldbestände nicht veröffentlichen und auch keine Audits von externen Wirtschaftsprüfern zulassen. Darüber hinaus sind die Auslieferungskosten zumeist recht hoch, zum Beispiel beim Anbieter Crowne Gold, der bei einer Auslieferung den Spotpreis des Goldes plus einer Gebühr von 25 % plus Versandkosten und plus Versicherung berechnet.

Angesichts dieser unrealistischen Auslieferungskonditionen stellt sich zurecht die Frage, ob die umlaufenden digitalen Gelder wirklich immer zu 100 % mit Metall hinterlegt sind oder gar nur völlig virtuelle Gebilde darstellen. Um rechtliche Probleme zu vermeiden sind die meisten Anbieter zudem in Offshore-Finanzzentren wie Anguilla, den Antillen, Panama oder der britischen Kanalinsel Jersey domiziliert. Im Fall des Falles zu seinem Recht zu kommen, erscheint also auch aufgrund dieser Tatsache fraglich. Die Bezahlsysteme sind als Gold-Investment daher als nicht geeignet anzusehen und sollten nur für das verwendet werden, wofür sie auch geschaffen wurden: das einfache, schnelle und weltweite Bezahlen und Bezahltwerden.

16.2. Weltweites zahlen und bezahlt werden

Jeder PC, der an das Internet angeschossen ist, ist quasi ein DGC-Bankschalter. Sie können Zahlungen tätigen oder von Ihren Kunden

Zahlungen empfangen. Voraussetzung ist nur, daß Ihr Handelspartner ebenfalls ein Konto beim entsprechenden DGC-Anbieter unterhält. Gold wird hierdurch wieder zur alten, weltweiten Währung.

Bei allen DGC-Anbietern können beliebig viele Konten kostenlos angelegt werden. Im Grunde können beim Anlegen eines Kontos theoretisch auch gefälschte Daten angegeben werden (nicht, daß ich Sie hierzu ermuntern würde), nur die E-Mail-Adresse muß korrekt sein, da zum Beispiel die anfängliche Anmeldebestätigung oder spätere Zahlungseingänge per E-Mail bestätigt werden.

Um ein kleines praktisches Beispiel zu geben: Meine Kontonummer bei e-gold ist die 3688807. Erhalte ich nun eine Anfrage von einem e-gold-Nutzer in Timbuktu, der mein Buch für 19,90 EUR bestellen möchte, so gebe ich ihm die Internet-Adresse http://3688807.e-gold.com durch, auf der er von seinem e-gold-Konto 1234567 bequem Gold im aktuellen Wert von 19,90 EUR auf mein Konto mit der Nummer 3688807 überweisen kann:

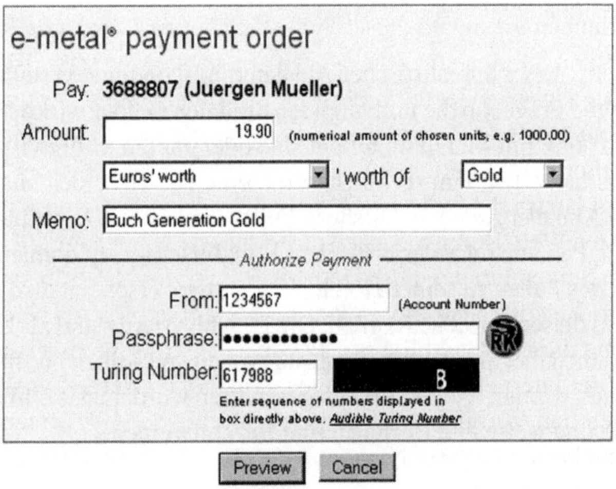

Abbildung 2.17.:
Überweisungsoberfläche für e-gold-Transaktionen
Quelle: http://3688807.e-gold.com

Auf diese einfache Art und Weise zahlt der Nutzer 1234567 an den Nutzer 3688807 den Betrag von 19,90 Euro. Ist das Konto des 1234567 gedeckt und die »Passphrase« (also das Passwort des Nutzers) richtig eingegeben, wird die Transaktion sofort durchgeführt. Innerhalb von einer Sekunde ist das Geld von Timbuktu nach Deutschland transferiert.

Die »Turing Number«, die am Ende des Online-Formulares eingegeben werden muß, wird in dem schwarzen Feld rechts in einer Art Laufband angezeigt. Sie soll lediglich das automatisierte Nutzen dieser Bezahloberflächen durch EDV-Programme verhindern.

16.3. Anonymität

Aus dem obigen Bezahlbeispiel ist sofort ersichtlich, daß die Transaktion quasi von einem Nummernkonto auf ein zweites Nummernkonto erfolgt ist. Sieht man von der Protokollierung der Internet-Zugangsdaten einmal ab, ist diese Zahlweise daher als anonym und diskret anzusehen.

Bitte erlauben Sie mir an dieser Stelle eine kleine technische Randnotiz: Wenn Sie sich von Zuhause mit einer festen BenutzerID über einen Zugangsprovider (zum Beispiel T-Online, Freenet, Arcor etc.) ins Internet einloggen, wird dies stets protokolliert und gespeichert. Sie erhalten beim Einloggen eine temporäre IP-Adresse in der Form von zum Beispiel 143.45.67.51. Jede IP-Adresse ist einmalig auf der ganzen Welt. Rufen Sie nun eine bestimmte Homepage auf, wird auf dem Server, auf der diese Homepage liegt, Ihre IP-Adresse – in unserem Beispiel also die 143.45.67.51 – ebenfalls gespeichert. Aufgrund dieser Protokollierungen können also der Webserver-Betreiber, der Internet-Zugangsprovider und jeder andere »Lauscher« zwischen den Verbindungen exakt ermitteln, welche Homepages Sie wann besucht haben. Nicht nur als Bürger und Steuerzahler ist man mittlerweile gläsern, auch im Internet ist dies der Fall. Abhilfe können hier nur Anbieter von Anonymisierungs-Netzwerken schaffen, wie zum Beispiel das Hochschulprojekt »Anonymität Online« [2.98].

16.4. Geringe Transaktionskosten

Die Kosten einer Geld- beziehungsweise Goldtransaktion sind sehr gering und werden wie gesagt zudem in Echtzeit vollzogen. Das heißt, wenn der Geldsender den Auftrag online eingibt, hat der Empfänger bereits wenige Sekunden später das Guthaben auf seinem DGC-Konto. Normalerweise dauern Banktransaktionen zumindest einen Tag, im internationalen Geldverkehr durchaus einmal mehrere Tage. Die DGC-Anbieter werben gerne mit der Tatsache, daß ihre Transaktionen billiger wären als zum Beispiel Zahlungen mit Kreditkarten. Dies ist leider jedoch nur die halbe Wahrheit, denn die Anonymität hat noch einen zweiten Preis: nämlich den der sogenannten »Market Makers«.

16.5. Market Maker

Sie werden sich sicherlich bereits gefragt haben, wie unser timbuktuanischer e-gold-Nutzer mit der Nummer 1234567 aus dem obigen Beispiel an seine 19,90 Euro digitales Goldgeld gekommen ist. Irgend jemand muß ihm dieses Geld doch gutgeschrieben haben beziehungsweise und anders ausgedrückt, an irgend jemanden muß er dieses Geld vorab bezahlt haben.

Genau dies ist die Aufgabe von sogenannten »Market Makern« (»Marktmachern«). Ihre Aufgabe ist es, staatliches Geld in digitales Goldgeld zu konvertieren und vice versa. Die DGC-Anbieter führen diese Dienstleistung bewußt nicht selber aus, um das Risiko von Zahlungsausfällen, Schulden oder rechtlichen Problemen zu umgehen und damit ihr Bezahlsystem als solches stabiler und unangreifbarer zu machen.

Die Market Maker (auch »Digital Currency Exchanger« genannt, abgekürzt DCE) verwandeln also staatliche Währungen wie Euro oder Dollar in DGC-Währungen. Sie bezahlen zum Beispiel 50 Euro unter Angabe ihrer e-gold-Kontonummer auf das normale Bankkonto des Market Makers und der wiederum überweist Ihnen zum Beispiel 48 Euro in Gold auf Ihr e-gold-Konto. Sie sehen, um digitales Goldgeld nutzen zu können, müssen Sie sich entweder zuvor eines kaufen oder sich in dieser Währung bezahlen lassen (von anderen Leuten, die selbst zuvor bei Market Makern dieses digitale Goldgeld gekauft haben). Die Courtagen dieser Exchanger liegen in der Größenordnung zwischen 2 und 5 %.

In der Regel listet jeder DGC-Anbieter seine Market Maker in seiner Homepage auf, zum Beispiel e-gold unter
www.e-gold.com/unsecure/thelist.htm#marketmaker

Für den deutschsprachigen Raum bietet sich die in Estland beheimatete Firma Icegold an [2.99]. Die unterstützten DGC-Systeme sind e-gold und 1mdc. Per Swift/IBAN können normale Euro-Überweisungen auf das Bankkonto von Icegold durchgeführt werden, für die, unter Abzug einer Courtage von 2 %, dann e-gold- oder 1mdc-Währung auf das digitale Konto gutgeschrieben wird. Will man e-gold wieder zurück in staatliches Geld tauschen, fallen ebenfalls wieder Gebühren von 2 % an.

Sie sehen also, daß die Aussage der niedrigen Transaktionskosten, mit der die DGC-Betreiber werben, durchaus richtig ist. Die andere Seite der Medaille jedoch – nämlich die Kosten der Market Maker – wird unterschlagen. Und dennoch: Würde sich eines dieser Bezahlsysteme mehr und mehr auch in Europa durchsetzen, wäre automatisch mehr digitales Goldgeld in Umlauf, so daß die Transaktionskosten durch Market Maker im gesamten Kontext dann sinken würden. Man würde ja mehr Goldgeld durch die Entgegennahme von Bezahlungen erhalten, als durch Ankauf bei Market Makern.

16.6. Anbieter

Im folgenden finden Sie eine Tabelle der derzeit zehn DGC-Anbieter. Weitere Informationen können den Internetpräsenzen entnommen werden.

Name	Gründungsjahr	Internetadresse
e-gold	*1996*	*www.e-gold.com*
e-bullion	*2000*	*www.e-bullion.com*
e-dinar	*2000*	*www.e-dinar.com*

1mdc	2001	www.1mdc.com
Goldmoney	2001	www.goldmoney.com
Pecunix	2002	www.pecunix.com
Crowne Gold	2002	www.crowne-gold.com
Liberty Reserve	2005	www.libertyreserve.com
GoldExchange	2006	www.goldexchange.com
Virtual Gold	2006	www.virtualgold.net

E-gold ist als ältester Anbieter auch der mit dem größten Umsatz. Auf der Statistikseite des Anbieters [2.100] werden derzeit rund 4 Millionen e-gold-Konten ausgewiesen, von denen allerdings nur 1,6 Millionen ein Guthaben aufweisen.

16.7. Weitere Quellen

Ein besonderes Anliegen von Reinhard Deutsch war immer die Remonetarisierung von Gold und Silber, sprich: deren neuerliche Verwendung im täglichen Zahlungsverkehr. Er war daher auch ein großer Freund des digitalen Goldgeldes. In seinem Buch »Das Silberkomplott« gibt er ab Seite 271 weitere Informationen zu digitalem Goldgeld. Im Internet finden Sie zudem viele weitere Quellen [2.101].

Zusammenfassend sei nochmals gesagt, daß man meiner persönlichen Einschätzung nach diese Internet-basierten Goldsysteme nicht primär als Investment-Möglichkeit sehen sollte, sondern vielmehr als Möglichkeit, Zahlungsvorgänge diskret und schnell abwickeln zu können.

Kapitel 17
Aufteilung eines Edelmetall-Investments

Die immer wieder gestellte Frage lautet, welche grundsätzliche Aufteilung ein Edelmetall-Portfolio aufweisen sollte. Wie zuvor gelesen, schlägt die vergessene Wallstreet-Weisheit ein Minimum von 10 % des Vermögens vor. Je nach persönlichem Empfinden, Bedürfnis und Einschätzung der zukünftigen Lage, kann dieser Wert jedoch durchaus bis zu 1/3 des Vermögens betragen, was auch der alten Dreispeichenregel entsprechen würde. Diese Regel wird seit Hunderten von Jahren sehr erfolgreich – zum Beispiel von den Juden – praktiziert und lautet wie folgt:
Stellen wir uns ein Rad mit drei Speichen vor. Die Speichen repräsentieren die Anlageklassen

a) Immobilien,
b) Wertpapiere aller Art und
c) Edelmetalle.

Das Rad der Geschichte dreht sich genauso wie das Rad unserer Speichenregel, so daß eine Klasse immer oben, die andere immer unten und die dritte irgendwo dazwischen steht.

Anfang 2000 standen die Wertpapiere oben (das heißt waren stark gestiegen und damit teuer), das Gold unten (= billig) und die Immobilien irgendwo in der Mitte. Die Regel besagt nun ganz einfach: Verkaufe immer die Klasse, die oben im Rad ist, und kaufe die, die unten steht.

Wie zuvor erörtert, gehören Gold und Silber sowieso zu den sichersten Investments, die es in der Geschichte der Menschheit gibt. Man kann quasi (fast) nichts falsch machen, wenn man in physische Edelmetalle investiert. Die Schere zwischen Angebot und Nachfrage wird sich in Zukunft immer weiter öffnen und ihren Ausgleich nur in steigenden Preisen finden können.

Im folgenden soll ein sogenannter Drittelmix erörtert werden, der für den Edelmetallanteil in einem Depot empfohlen werden kann. Er beinhaltet die Komponenten Versicherung, Investment und Spekulation und teilt dadurch das Risiko auf.

Abbildung 2.18.:
Drittelmix eines Edelmetall-Portfolios

Das Fundament der Pyramide stellen kleine Gold- und Silbermünzen dar, die sie unbedingt in ihrem unmittelbaren Zugriff aufbewahren sollten *(vergleiche Kapitel 10.4: »Lagerung von Münzen und Barren«)*. Diese Münzen stellen Ihre Versicherung für den absoluten Notfall dar, nämlich dem, daß staatliches Papiergeld im täglichen Zahlungsverkehr nicht mehr angenommen wird und Sie zur Deckung Ihrer existenziellen menschlichen Grundbedürfnisse diese Münzen benötigen.

Einige von Ihnen werden bei diesen Zeilen vielleicht ungläubig schmunzeln. Ich möchte Ihnen mit einem Zitat von Stefan Zweig aus seinem autobiographischen Werk »Die Welt von Gestern« antworten, in dem er sich auf die Situation in Österreich in der Zeit der galoppierenden Inflation Anfang der 1920er Jahre bezieht:

»*Die Städter schleppten zu den Bauern hinaus, was sie entbehren konnten: chinesische Porzellanvasen und Teppiche, Säbel und Flinten, photographische Apparate und Bücher, Lampen und Zierrat; so konnte man, wenn man in einen Salzburger Bauernhof trat, zu seiner Überraschung einen indischen Buddha einen anstarren sehen oder einen Rokokobücherschrank mit französischen Lederbänden aufgestellt finden, auf den die neuen Eigner mit besonderem Stolz sich viel zugute taten. (...) Substanz, nur kein Geld, das wurde die Parole. Manche mußten sich den Ehering vom Finger und den Lederriemen vom Leibe ziehen, nur um den Leib zu nähren.*« *[2.102]*

In Deutschland wurden am Ende der Inflation Geldscheine zum Heizen verwendet, da ihr Heizwert höher war als die Kohlen, die man sich dafür hätte kaufen können (so man überhaupt jemanden fand, der Kohlen für staatliches Papiergeld hergab; *siehe Abbildung in Kapitel 1*).

Über dem Fundament der Versicherung kommt die Ebene des Investments in Edelmetalle. Hierfür eignen sich besonders physische Barren in möglichst großen Einheiten (Goldbarren ab 100 Gramm, Silberbarren ab 5 Kilogramm), da für diese das Aufgeld relativ gering ist *(siehe Kapitel 10.2.3)*. Ein Weg für diese Ebene des sicheren Investments ist die Einkaufsgemeinschaft für Gold und Silber, die ich Mitte 2005 gegründet habe (www.goldsilber.org).

Die Spitze des Berges können spekulative Investments in Aktien von Minenbetreibern oder Derivate darstellen *(vergleiche Kapitel 13, 14 und 15)*.

Welche prozentuale Aufteilung Sie persönlich für diese drei Stufen präferieren, hängt von Ihren persönlichen Umständen, Ihren Neigungen und Erfahrungen ab. Das Risiko der Anlage steigt jedoch vom Fundament zur Spitze der Pyramide an. Der sprichwörtliche Spatz in der Hand ist in diesem Zusammenhang allemal besser, als die

Taube auf dem Dach. Will heißen: Barren in der Hand ist definitiv goldenes Pfand.

Adam Hamilton von der amerikanischen Analysefirma Zeal Research definierte 2002 eine etwas komplexere Goldpyramide wie folgt:

Abbildung 2.19.:
Edelmetall-Portfolio nach Adam Hamilton [2.103]

Hamilton sieht als Grundlage ebenfalls eine Versicherung (engl. »Insurance«) von 5 bis 20 % des Portfolios vor. Darüber folgt ein dreigeteilter Mittelbau »Investment«, der 75 bis 90 % des Gesamtwertes einnehmen sollte. Als Spitze schließt ein 5- bis 10prozentiger Spekulationsteil die Pyramide ab. Daß nach dieser Aufteilung das Investment zum großen Teil aus Goldminenaktien bestehen sollte, liegt in der Natur von Zeal Research, da diese Firma von guten Aktienempfehlungen quasi lebt. Defensiver eingestellte Investoren sollten den physischen Teil als Fundament durchaus höher gewichten.

Kapitel 18
Zusammenfassung des zweiten Teils

Die Angebote im Bereich Edelmetall-Investment lassen sich in fünf Hauptkategorien einteilen. Die physische Anlage in Münzen und Barren, Papiere mit voller physischer Hinterlegung, Papiere mit teilweise physischer Hinterlegung, reines Papiergold/Papiersilber (Zertifikate) sowie Aktien und Aktienfonds.

Münzen (besonders Silbermünzen zu 1 Unze) dienen als Versicherung im Falle einer Hyperinflation, wenn das staatliche, ungedeckte Papiergeld im täglichen Zahlungsverkehr von Händlern nicht mehr akzeptiert werden sollte.

Goldbarren bieten ab 100 Gramm einen günstigen Spread. Aufgrund ihres wesentlich niedrigeren Wertes, weisen Silberbarren einen wesentlich höheren Spread auf (bis zu 10 %); zusätzlich ist Mehrwertsteuer zu entrichten.

Beim Kauf von Barren sollte unbedingt darauf geachtet werden, daß nur Barren von zertifizierten Herstellern erworben werden. Dabei sind Banken und spezialisierte Fachhändler jeder eBay-Versteigerung vorzuziehen.

Für das Investment in Papiere mit voller physischer Hinterlegung eignen sich Einkaufsgemeinschaften, die ihre Bestände bankenunabhängig einlagern oder Scheideanstalten, die Metallkonten anbieten. Die in Liechtenstein domizilierten Aktienfonds mit teilweiser physischer Hinterlegung sind ebenfalls eine Überlegung wert, nicht zuletzt aus dem Gesichtspunkt der geographischen Diversifizierung heraus.

Für ein Investment in reines Papiergold oder Papiersilber eignen sich hauptsächlich Zertifikate. Diese sollten jedoch erst nach gründlichem Studium der Fakten erworben werden.

Aktien von Minenunternehmen bieten einen Hebel auf den eigentlichen Gold- oder Silberpreis (»Leverage«). Es ist jedoch darauf zu achten, daß keine gehedgten Minen gekauft werden sollten. Weitere wichtige Entscheidungskriterien für den Kauf von Minenaktien sind die Reserven und Ressourcen des Unternehmens, die Börsenbewertung je Reserveunze, die Börsenkapitalisierung je produzierter Unze und das klassische Kurs-Gewinn-Verhältnis.

Minenunternehmen werden in Explorer, Juniores und Seniors eingeteilt. Achten Sie bei Ihrem Investment in Minentitel auf eine Mischung aus diesen Kategorien. Ebenfalls sollte auf das geopolitische Risiko geachtet werden. Stabile Länder wie Australien oder Kanada sind unsicheren Ländern wie zum Beispiel Bolivien vorzuziehen. Durch Aktienfonds delegiert man die Aufgabe der Auswahl der Minen an Fondsmanager. Eine Streuung hinsichtlich Explorer, Juniores und Seniors sowie geographischer Gesichtspunkte ist mittels eines Edelmetallfonds einfacher abzubilden, als durch den individuellen Kauf von Einzeltiteln.

Digitales Goldgeld eignet sich nicht als Investment in Gold oder Silber, sondern sollte nur für das verwendet werden, für das sie geschaffen wurden: Bezahlen und Bezahltwerden im Internet.

Die Aufteilung eines Edelmetall-Portfolios sollte die Komponenten Versicherung, Investment und Spekulation beinhalten. Die prozentuale Aufteilung innerhalb dieser Komponenten hängt von den Bedürfnissen, Wünschen und Anforderungen jedes einzelnen Investors ab. In jedem Fall sollte ein Investment in Edelmetalle mit dem Kauf von 300 bis 400 Silbermünzen zu einer Unze beginnen, am besten mit dem kanadischen Maple Leaf, da diese Münze technisch reinstes Silber enthält und mit 5 Kanadischen Dollars auch einen hohen Nennwert. Kanada ist zudem ein politisch stabiles Land, welches mit Rohstoffen reich gesegnet ist – mithin gute Grundvoraussetzungen für eine relativ stabile Währung.

Welche Gold- und Silbermünzen neben dem Maple Leaf ebenfalls in Betracht kommen, wollen wir im dritten Teil des Buches erörtern.

Quellenangaben

[2.1] www.investmentrarities.com/01-04-05.html, nach den Statistiken des US Geological Survey
[2.2] www.goldinvest.de/public/data/documents/physischer_edelmetallmarkt.pdf
[2.3] de.wikipedia.org/wiki/Edelmetall
[2.4] Hans J. Bocker: »Gold-Dossier«, Polarfilm Medien 2000, Seite 50
[2.5] de.wikipedia.org/wiki/Paul_Kruger
[2.6] www.samint.co.za/CollectorCoins/CurrentProducts/Krugerrand.asp
[2.7] www.goldseiten.de/content/muenzen/allgemeines.php
[2.8] de.wikipedia.org/wiki//Anlagem %C3 %Bcnze
[2.9] www.europa.eu/scadplus/leg/de/lvb/l31012.htm
[2.10] www.unze.de
[2.11] www.westgold.de
[2.12] www.goldseiten.de/content/marktberichte/marktberichte.php?storyid=3621
[2.13] www.proaurum.de, es besteht auch eine Filiale in Berlin.
[2.14] www.goldseiten.de/content/kolumnen/artikel.php?storyid=3716
[2.15] Hans J. Bocker: »Gold-Dossier«, Polarfilm Medien 2000, Seite 52
[2.16] ebenda, Seite 3
[2.17] www.spiegel.de/wirtschaft/0,1518,458818,00.html
[2.18] www.zm-online.de/m5a.htm?/zm/7_06/pages2/finanz1.htm
[2.19] www.wahre-inflation.de
[2.20] http://de.wikipedia.org/wiki/Barren_(Metall)
[2.21] http://gameserver.zone2.de/westgold/html/info.php?id=105
[2.22] www.uk-rocks.net/images/gold-smelt_big.jpg
[2.23] http://upload.wikimedia.org/wikipedia/commons/2/20/Gold_ingots.jpg
[2.24] www.goldseiten.de/content/marktberichte/marktberichte.php?storyid=3458
[2.25] www.goldseiten.de/content/muenzen/barren-kinebar.php
[2.26] www.lbma.org.uk/good_delivery_cover.html
[2.27] www.lbma.org.uk/GD_Rules_200404_B.pdf
[2.28] www.lbma.org.uk/good_delivery_gold.html
[2.29] www.lbma.org.uk/good_delivery_silver.html
[2.30] Private Korrespondenz per E-Mail mit dem Unternehmen, 30.01.2007
[2.31] www.hartgeld.com/goldmuenzen.htm
[2.32] www.net-tribune.de/article/210307-246.php
[2.33] Magazin »Gold & Money Intelligence«, Juni 2004,
siehe auch Jürgen Müller: »Generation Gold«, Kopp-Verlag 2007, Seite 225
[2.34] Interview mit Marc Faber, Frankfurter Allgemeine Sonntagszeitung, 12.11.2006
[2.35] Zitat aus www.goldseiten.de/content/diverses/artikel.php?storyid=3905:
»Unter dem Vorwand des »Terrorismus« und der »Geldwäsche« scheint es mir nur noch eine
Frage der Zeit, bis sich die gierige Hand des Fiskus auch auf den Gold- und Silberbesitz erstreckt – in der Schweiz jedoch ein höchst unwahrscheinliches Ereignis.«
[2.36] www.proaurum.de/downloads/presse/
060928_Presseinfo_pro_aurum_unter_Top3_EdJ_2006.doc
[2.37] www.entrepreneur-des-jahres.de
[2.38] www.securlog.de
[2.39] www.westgold.de

[2.40]	www.muenzkabinett-frankfurt.de
[2.41]	www.wc-heraeus.com/precious-metals-trading
[2.42]	www.wc-heraeus.com/wch2/hmg/edelpreis.nsf/EMPDat/$First?Open
[2.43]	www.scheideanstalt.de
[2.44]	www.oegussa.at/neu/ueberuns/filialen.htm
[2.45]	www.oegussa.at/neu/metallhandel/preise.htm
[2.46]	www.austrian-mint.com/shop
[2.47]	www.deutsche-sammlermuenzen.de
[2.48]	www.allgemeine-gold.de/content/links/links.php?action=showkat&kat=11&lang=1
[2.49]	http://de.wikipedia.org/wiki/Mohs
[2.50]	http://de.wikipedia.org/wiki/Härte
[2.51]	www.goldseiten.de/content/muenzen/lagerung.php
[2.52]	http://confidenz-depesche.com/cdcooltips/cd0008CT01.html
[2.53]	www.goldseiten.de/content/muenzen/schliessfach.php
[2.54]	Magazin »Gold & Money Intelligence«, Juni 2004, siehe auch Jürgen Müller: »Generation Gold«, Kopp-Verlag 2007, Seite 225
[2.55]	www.vermoegensbetreuung.com
[2.56]	www.argus.li/Dienstleistungen/ArchivServices/tabid/71/Default.aspx
[2.57]	www.swissdatasafe.ch
[2.58]	www.goldsilber.org/lagerkonzept.html
[2.59]	Jürgen Müller: »Generation Gold«, Kopp-Verlag 2007, Seite 133.
[2.60]	ebenda, Seite 197
[2.61]	www.bullion-art.de
[2.62]	www.centralfund.com
[2.63]	Quelle: Edelmetallmesse-Prospekt 2006
[2.64]	www.goldseiten.de/content/diverses/artikel.php?storyid=1041
[2.65]	www.snb.ch/e/publikationen/banken/aktuelle_publikation/pdf/bankench_DE/Stat28.pdf
[2.66]	www.goldseiten.de/content/firmen/artikel.php?storyid=1037
[2.67]	www.goldseiten.de/content/kolumnen/artikel.php?storyid=1232
[2.68]	www.goldseiten.de/content/diverses/artikel.php?storyid=864
[2.69]	www.metallinvest.eu
[2.70]	www.gfs.li, Link «Fonds«, Link «Tell Gold & Silber Fonds – A«
[2.71]	www.vienna-life.li/silber.html
[2.72]	www.focus.de/finanzen/boerse/zertifikate/zertifikate-abc
[2.73]	http://zertifikate.onvista.de/emittenten.html
[2.74]	http://zertifikate.onvista.de/neuemissionen.html?TYPE=BG&TIME_RANGE=3M Diese Adresse zeigt die Anzahl der Neuemissionen der letzten drei Monate an. Dieser Wert geteilt durch 90 ergibt also die durchschnittliche Zahl der Neuemissionen pro Tag in den letzten drei Monaten.
[2.75]	www.ddi.de/ddi/basiswissen.htm?u=0&k=0&seite=basiswissen
[2.76]	www.abnamrozertifikate.de
[2.77]	www.abnamrozertifikate.de/DE/Showpage.aspx?pageID=5 www.sg-zertifikate.de http://basiswissen.oppenheim-services.com www.goldseiten.de/content/zertifikate/basiswissen/index.php
[2.78]	www.derivate-forum.de
[2.79]	www.derivate-forum.de/FILES/MV_2007-01.pdf
[2.80]	www.goldseiten.de/content/anlageformen/optionen.php
[2.81]	www.goldseiten.de/content/anlageformen/anleihen.php
[2.82]	www.warrants.ch/warrants/payoff/issues/Payoff_nr_03_2006_1.pdf

[2.83]   www.phlx.com/products/sectors/xaucomp.htm
[2.84]   www.amex.com/?href=/othProd/prodInf/OpPiIndComp.jsp?Product_Symbol=HUI
[2.85]   www.goldseiten.de/content/kolumnen/artikel.php?storyid=3681&seite=0
[2.86]   www.goldseiten.de/content/kolumnen/artikel.php?storyid=141
[2.87]   Informationen finden Sie unter zum Beispiel www.modern-banking.de, www.brokerwahl.de oder www.online-broker-vergleich.de
[2.88]   www.uni-regensburg.de/Fakultaeten/WiWi/scherrer/edu/opi/adr.html
         www.goldseiten.de/content/kolumnen/artikel.php?storyid=27
         www.goldseiten.de/content/kolumnen/artikel.php?storyid=56
[2.89]   www.goldsheetlinks.com/ptable.htm
         www.goldsheetlinks.com/agtable.htm
[2.90]   www.standardandpoors.de
         http://de.wikipedia.org/wiki/Standard_&_Poor's
[2.91]   www.sandpfundservices.com/German/products/fundRatings/index.html
[2.92]   www.morningstar.de
[2.93]   http://fonds.spiegel.de/aboutus/rating.asp?cobrand=
[2.94]   http://de.wikipedia.org/wiki/Durchschnittskosteneffekt
[2.95]   http://post.economics.harvard.edu/faculty/rogoff/rogoff.html
[2.96]   www.rohstoff-spiegel.de/count.php?url=rs_2006-14.pdf
[2.97]   http://en.wikipedia.org/wiki/Digital_gold_currency
[2.98]   http://anon.inf.tu-dresden.de/index.html
[2.99]   www.icegold.com oder www.icegold.de
[2.100] www.e-gold.com/stats.html
[2.101] http://en.wikipedia.org/wiki/Digital_gold_currency (engl.)
         http://en.wikipedia.org/wiki/Digital_currency_exchanger (engl.)
[2.102] Stefan Zweig: »Die Welt von Gestern«, Fischer Taschenbuch Verlag 34. Auflage 2003, Seite 331.
[2.103] www.zealllc.com/2002/gold101.htm
[2.104] www.zkb.ch/zkb/presse/pdf/etf_130407.pdf

Teil 3
Gold- und Silbermünzen als Versicherung

Kapitel 19
Goldmünzen zur Kapitalanlage

Im folgenden möchte ich Ihnen die bekanntesten Anlagemünzen vorstellen. Obwohl diese Münzen alle in etwa die gleichen Eigenschaften und Bekanntheitsgrade besitzen, ragen der südafrikanische Krügerrand, die britische Britannia und das Schweizer Vreneli etwas hervor. Diese drei Münzen möchte ich Ihnen daher zuerst vorstellen. Umfangreiche Bildersammlungen von Bullionmünzen finden Sie im Internet zum Beispiel unter www.bullionweb.de, www. goldsammler.eu, www. anlage-muenzen.com oder in der Preisliste von www.proaurum.de.

19.1. Der südafrikanische Krügerrand

Die Entdeckung von Gold in dem Gebiet um das heutige Johannesburg im Jahr 1886 änderte die gesamte Geschichte dieses Landes. Südafrika ist noch immer der größte Produzent von Gold und Platin, obwohl in den vergangenen Jahren die Förderung aufgrund geologischer Gegebenheiten und der starken südafrikanischen Währung stetig gesunken ist.

Der Krügerrand ist, wie bereits oben erwähnt, die älteste Anlagemünze. Am 3. Juli 1967 wurde die erste Münze zu einer Unze hergestellt. Erst 1980 folgten die kleineren Einheiten $1/2$, $1/4$ und $1/10$ Unze. Der Krügerrand wird mit einer Reinheit von 22 Karat hergestellt, wobei 8,3 % Kupfer zulegiert werden. Dies gibt dem Krügerrand seine rötliche Färbung. Da Kupfer chemisch gesehen ebenfalls ein Edelmetall ist, ergibt sich keine Änderung im chemischen Reaktionsverhalten. Die Gewichte und Größen der Münzen unterteilen sich wie folgt [3.1]:

Unze	Gesamtgewicht	Durchmesser
$1/1$	33,931 Gramm	32,69 mm
$1/2$	16,966 Gramm	27,00 mm
$1/4$	8,483 Gramm	22,00 mm
$1/10$	3,393 Gramm	16,50 mm

Der Krügerrand wird nur in Gold geprägt; eine Silbermünze gibt es nicht. Die Motive des Krügerrands wurden seit der Einführung 1967 nicht geändert, was dem weltweiten Wiedererkennungswert der Münze natürlich sehr zugute kommt. Auf der Vorderseite ist Präsident Paul Kruger abgebildet, auf der Rückseite das südafrikanische Wappentier, der Springbock. So wird auch die südafrikanische Rugby-Nationalmannschaft zum Beispiel als die »Springbocks« bezeichnet.

Abbildung 3.1.: Krügerrand 1981, Vorder- und Rückseite
Quelle: www.anlage-muenzen.com [3.2]

Noch immer stammen weltweit mehr als 50 % aller jemals hergestellten Gold-Anlagemünzen vom Kap der Guten Hoffnung. Insgesamt wurden bisher mehr als 46 Millionen Stück davon geprägt [3.3, 3.4]. Weitere Informationen erhalten Sie auf der Homepage der südafrikanischen Münzprägeanstalt [3.5] oder auf Wikipedia [3.6].

Durch seine hohe Auflage ist das Aufgeld des Krügerrands im Vergleich zu den anderen gängigen Anlagemünzen niedriger. Es betrug beim Verfassen dieses Buches zirka 3,2 % pro Feinunze. Beim Verfassen meines Buches »Generation Gold« im Jahr 2005 waren es noch 3,0 %. Wie die folgende Grafik verdeutlicht, steigt das Aufgeld für die kleineren Stückelungen stark an. Bei der $1/10$-Unzen Münze beträgt es stolze 17,5 % zum eigentlichen Goldwert.

Die großen Vorteile des Krügerrands sind also sein niedriges Aufgeld und vor allem seine weltweite Verbreitung und Handelbarkeit.

Haben Sie einen Krügerrand in der Tasche, sind Sie immer liquide, egal ob Sie sich in New York, Rio, Tokio oder Sydney befinden.

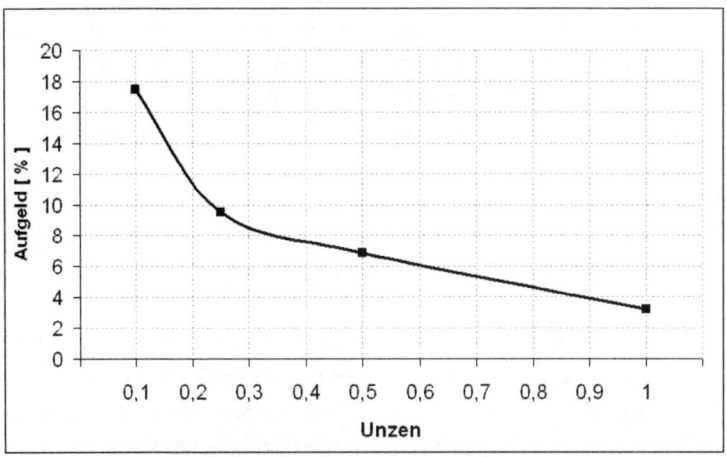

Abbildung 3.2.: Prozentuales Aufgeld für den Krügerrand
(Stand: Januar 2007)

19.2. Die britische Britannia

Die Britannia-Münze wird seit 1987 von der British Royal Mint [3.7] als erste europäische Goldanlagemünze geprägt. Sie zeigt auf der Vorderseite die weibliche Kriegsgöttin Britannia (Figur mit Helm, Schild und Dreizack) sowie Königin Elizabeth II. auf der Rückseite.

Abbildung 3.3.: Britannia 1987, Vorder- und Rückseite
Quelle: www.anlage-muenzen.com [3.8]

Die Gewichte, Größen und Nennwerte der Britannia sind wie folgt [3.9]:

Unze	Gesamtgewicht	Durchmesser	Nennwert
$1/1$	34,050 Gramm	32,69 mm	100 GBP
$1/2$	17,025 Gramm	27,00 mm	50 GBP
$1/4$	8,513 Gramm	22,00 mm	25 GBP
$1/10$	3,412 Gramm	16,50 mm	10 GBP

Von 1987 bis 1989 wurde nur Kupfer als Legierung zugegeben, ab 1990 zu gleichen Teilen Kupfer und Silber. Weitere Detailinformationen finden Sie auf www.goldseiten.de [3.10].

Die Britannia-Münze mit einem Feingewicht von einer Unze ragt deswegen hervor, weil ihr Nennwert mit 100 Britischen Pfund (zirka 150 Euro; Stand Februar 2007) dem wahren Goldpreis am nächsten kommt. Dies kann durchaus zwei praktische Konsequenzen haben, wie Professor Bocker in seinem »Gold-Dossier« berichtete [3.11]. Erstens: Würde wieder ein Goldverbot ausgesprochen werden, würden die Inhaber von Münzen vermutlich mit staatlichem Papiergeld entsprechend dem Nennwert der Münzen entschädigt werden. Zweitens: Nach einer neuerlichen Währungs»reform« würde man für eine Britannia-Münze am meisten neue Scheine erhalten, so man dies natürlich wünschen würde.

Sie haben sicherlich bemerkt, daß die letzten Sätze viele Konjunktive enthalten. Eine Unze Gold bleibt natürlich eine Unze Gold, so daß einige Britannias in einer Münzsammlung sicherlich nicht schaden können.

Weitere interessante Informationen zu britischen Münzen erhalten Sie auf der Homepage von Joachim Harsdorf [3.12].

19.3. Das Schweizer Vreneli

Neben dem Krügerrand als billigste Münze und der Britannia als Münze mit dem höchsten Nennwert, gelten die Schweizer Vreneli (Kosename für Verena) ebenfalls als sehr gute Wertanlage.

Abbildung 3.4.: Vreneli, Prägejahr 1926, Vorder- und Rückseite

Diese Münzen haben jeweils ein Feingewicht von nur 5,81 Gramm Gold, das heißt sind in Krisenzeiten für das tägliche Leben eine kleinere handelbare Größe als eine volle Unze zu 31,1 Gramm. Der Nennwert beträgt 20 Franken (12,6 Euro, hochgerechnet auf eine Unze Gold: 67,5 Euro) und das Aufgeld derzeit rund 8,4 %. Dies bestätigt eine Faustformel, die für alle physischen Einheiten, das heißt für Barren und Münzen, gilt: je kleiner die Einheit, desto größer das Aufgeld.

Der große Vorteil der Vrenelis ist deren historischer Ursprung. Vrenelis wurden zwischen 1897 und 1949 mit einer Auflage von 58,6 Millionen Stück geprägt. Da diese Münzen als halbantike Sammlermünzen gelten, waren sie beim amerikanischen Goldverbot, welches 1933 von Präsident Roosevelt verhängt wurde, ausdrücklich ausgenommen, das heißt, deren Besitz war nach wie vor legal [3.13]. Informationen über aktuelle Schweizer Münzen erhalten Sie auf der Homepage der Eidgenössischen Münzstätte Swissmint: www.swissmint.ch.

Neben diesen drei vorgestellten Münzen werden noch einige weitere bekannte Anlagemünzen angeboten. Je nachdem, wie Ihre Vorlieben oder Bedürfnisse für zum Beispiel das optische Erscheinungsbild oder das Herkunftsland sind, können Sie diese Ihrer goldenen Versicherung hinzufügen.

19.4. Der australische Nugget / Känguruh

Die ersten Münzen dieser Gattung wurden 1986 geprägt. In Anlehnung an die ersten Goldfunde in Australien in Form von Nuggets (»Klumpen«) waren in den drei ersten Jahrgängen Goldklumpen auf der Vorderseite abgebildet, die der Münze auch ihren Namen gaben: Australien Nugget. Da dieses Motiv bei den Anlegern jedoch nicht sehr beliebt war, wurde der Nugget ab 1988 durch das australische Wappentier, das Känguruh, ersetzt. Der Name Nugget blieb jedoch bis heute erhalten und ist nach wie vor auf den Münzen eingeprägt. Auf der Rückseite ist die britische Königin Elizabeth II. abgebildet. Die Abbildung des vorderseitigen Känguruhs wechselt jährlich, wobei zu Beginn die verschiedenen Känguruh-Arten verwendet wurden: Rotes Riesenkänguruh, Graues Riesenkänguruh und Bergkänguruh.

Abbildung 3.5.: Australien Nugget / Känguruh 1 Unze.
Links Vorderseite Jahrgang 1986 (Quelle: [3.14]),
in der Mitte Vorderseite Jahrgang 1995 (Quelle: [3.15])

Hergestellt wird die Münze von der westaustralischen Perth Mint [3.16], nicht zu verwechseln mit der Royal Australien Mint [3.17] in der Hauptstadt Canberra, die zum Beispiel die Känguruh-Münze in Silber prägt. Für Anlagemünzen unüblich ist die Begrenzung der Auflage auf jährlich nicht mehr als zum Beispiel 350.000 Stück für die 1-Unzen-Gattung. Die bisherige Gesamtauflage beträgt zirka 2 Millionen Stück [3.18]. Die Münze ist in Stückelungen von 1/20-Unze (Nennwert 5 Australische Dollar) bis zu einem Kilogramm (Nennwert 3.000 Aus-$) erhältlich, wobei die Gattungen 2 und 10 Unzen sowie 1 Kilogramm in Europa nur selten gehandelt werden und verfügbar sind.

Goldmünzen zur Kapitalanlage

Unze	Gesamtgewicht	Durchmesser	Nennwert
$1/1$	31,103 Gramm	32,10 mm	100 Aus-$
$1/2$	15,552 Gramm	25,10 mm	50 Aus-$
$1/4$	7,776 Gramm	20,10 mm	25 Aus-$
$1/10$	3,110 Gramm	16,10 mm	15 Aus-$
$1/20$	1,555 Gramm	14,10 mm	5 Aus-$

Der Nugget ist unlegiert, das heißt weist die technisch höchste Reinheit von 99,99 % auf. Weitere Informationen zum Nugget erhalten Sie zum Beispiel auf goldseiten.de [3.14].

19.5. Der kanadische Maple Leaf

Das nationale Symbol der Kanadier ist das Ahornblatt (engl. »Maple Leaf«), weshalb es 1979 nahelag, die nach dem Krügerrand weltweit zweite Anlagemünze auch entsprechend zu taufen. Nach dem Krügerrand ist der Maple Leaf die am weitesten verbreitete Bullionmünze und war zudem die erste Münze, die ab 1983 eine Feinheit von 99,99 % aufwies. Was von der Royal Canadian Mint [3.19] zunächst als Marketing-Gag gedacht war, entwickelte sich zum heutigen Standard.

Abbildung 3.6.: Kanadischer Maple Leaf, 1 Unze Gold
Quelle: www.anlage-muenzen.com [3.20]

Die Motive des Maple Leaf wurden seit seiner Einführung nicht verändert. Auf der Vorderseite ist das Ahornblatt abgebildet, auf der Rückseite die englische Königin Elizabeth II. Zu Beginn wurde die

Münze nur mit einem Feingewicht von einer Unze geprägt. Ab 1982 kamen die $^1/_4$-Unze und $^1/_{10}$-Unze hinzu, 1986 die $^1/_2$-Unze und 1993 schließlich die $^1/_{20}$-Unzen. Die Auflagen aller Jahrgänge und Gewichte finden Sie im Internet [3.21].

Unze	Gesamtgewicht	Durchmesser	Nennwert
$^1/_1$	31,103 Gramm	30,00 mm	50 Can-$
$^1/_2$	15,552 Gramm	25,00 mm	20 Can-$
$^1/_4$	7,776 Gramm	20,00 mm	10 Can-$
$^1/_{10}$	3,110 Gramm	16,00 mm	5 Can-$
$^1/_{20}$	1,555 Gramm	14,00 mm	1 Can-$

Mit 30MillimeterDurchmesser ist der 1-Unze-Maple Leaf die kleinste Münze. Die Nennwerte, umgerechnet in Euro, liegen unter denen des Australischen Känguruhs.

19.6. Der Wiener Philharmoniker

Der seit 1989 aufgelegte Philharmoniker ist aktuell die einzige auf Euro lautende Bullionmünze, nachdem der Nennwert im Zuge der Schilling-Aufgabe zum 1.1.2002 umgestellt wurde. Nach Angabe des Herstellers, der Münze Österreich AG [3.22], war der Philharmoniker in vier Jahrgängen die meistgekaufte Münze der Welt (Jahrgänge 1992, 1995, 1996 und 2000) [3.23]. Mit seinem Durchmesser von 37 Millimeter ist er die größte Anlagegoldmünze. Wie der Maple Leaf und der australische Känguruh wird der Philharmoniker ohne Legierungen hergestellt, das heißt in einer Reinheit von 99,99 %.

Abbildung 3.7.: Wiener Philharmoniker, 1 Unze Gold
Quelle: www.zlate-mince.cz [3.24]

Seit der Einführung im Oktober 1989 zeigt die Vorderseite stellvertretend für das gleichnamige Orchester verschiedene klassische Instrumente und trägt die Aufschrift »Wiener Philharmoniker«. Die Rückseite zeigt die Orgel im Goldenen Saal des Wiener Musikvereins. Nachdem zu Beginn erst die 1-Unze- und $1/4$-Unze -Münze geprägt wurde, folgte 1991 die $1/10$-Unze und 1994 die $1/2$-Unze.

Unze	Gesamtgewicht	Durchmesser	Nennwert*
$1/1$	31,103 Gramm	37,00 mm	2.000 ÖS / 100 €
$1/2$	15,552 Gramm	28,00 mm	1.000 S / €
$1/4$	7,776 Gramm	22,00 mm	500 S / €
$1/10$	3,110 Gramm	16,00 mm	200 S / €

Umstellung des Nennwertes von Schilling auf Euro zum 01.01.2002

Anläßlich des 15. Geburtstags des Wiener Philharmonikers wurden 15 Münzen zu je 1.000 Unzen gegossen (31,1 Kilogramm schwer und 37 Zentimeter im Durchmesser). Die damit größte Goldmünze der Welt wird zu reinen Marketing-Zwecken verwendet. In Deutschland war eine dieser Münzen unter anderem auf den Edelmetallmessen 2005 und 2006 in München zu sehen [3.25]. Weitere Informationen über den Wiener Philharmoniker erhalten Sie im Internet [3.26].

19.7. Der American Eagle

Der American Eagle (engl. »eagle« = Adler) wird seit Oktober 1986 von der United States Mint [3.27] mit einer Feinheit von 22 Karat geprägt (91,66 % Gold, 5,33 % Kupfer und 3 % Silber). Durch die Legierung wird die Münze zwar härter und kratzfester, verliert jedoch, wie der Krügerrand, die helle goldene Farbe, das typische Merkmal einer 24-Karat-Münze.

Der Name »American Eagle« leitet sich von den alten amerikanischen 10-Dollar-Goldmünzen ab, die von 1795 bis zum privaten Goldbesitzverbot im Jahr 1933 zum normalen Zahlungsverkehr geprägt wurden [3.28]. Die Motive der Münze wurden seit ihrer Einführung nicht verändert. Auf der Vorderseite befindet sich die Freiheitsstatue (engl. »liberty« = Freiheit), auf der Rückseite das amerikanische Wappentier, ein seinen Horst anfliegender Adler.

Abbildung 3.8.: American Eagle, 1 Unze Gold
Quelle: www.anlage-muenzen.com [3.29]

Während die Verkaufszahlen der Münze zum Ende der Clinton-Ära auf über 2 Millionen Unzen gestiegen waren, nahm die Beliebtheit in den letzten Jahren wieder stark ab, so daß im Jahr 2006 insgesamt nur noch 261.000 Unzen (kumulierter Wert aller Münzen) geprägt wurden. Folgende Einheiten werden vom Eagle hergestellt [3.30]:

Unze	Gesamtgewicht	Durchmesser	Nennwert
$1/1$	33,93 Gramm	32,70 mm	50 US-$
$1/2$	16,97 Gramm	27,00 mm	25 US-$
$1/4$	8,48 Gramm	22,00 mm	10 US-$
$1/10$	3,39 Gramm	16,50 mm	5 US-$

Da die Münze keine 999,9 Feinheit aufweist, erfreut sie sich in Europa ebenfalls keiner großen Beliebtheit. Das zweifelhafte Image, welches die USA derzeit in der Welt geniesen, dürfte ebenfalls kein verkaufsförderliches Argument sein, identifiziert und assoziiert man eine Münze doch immer auch mit ihrem Herkunftsland. Um dem Wunsch der Anleger nach unlegierten Münzen nachzukommen, wird von der US Mint seit 2006 die neue »American Buffalo«-Münze mit einer Feinheit von 24 Karat geprägt.

Goldmünzen zur Kapitalanlage

19.8. Weitere Gold-Kapitalanlagemünzen

Neben den zuvor vorgestellten Münzen Krügerrand, Britannia, Vreneli, Känguruh, Maple Leaf, Philharmoniker und Eagle, gibt es noch viele weitere Münzen, die mehr oder minder auf der Welt bekannt und verbreitet sind. Zu diesen zählen:

• *Australische Lunar-Serie:*
Sonderserie, von 1996 bis 2007 mit wechselnden Tiermotiven geprägt. Da bei einzelnen Jahrgängen ein sehr hohes Aufgeld zu zahlen ist, handelt es ich hierbei eher um Sammlermünzen, als um reine Bullionmünzen.

• *Britischer Sovereign:*
Bereits seit 1816 geprägt, galt der Sovereign lange Zeit als die bekannteste Anlagemünze. In der heutigen Zeit gehen die Auflagen jedoch immer mehr zurück, so daß ebenfalls eher von einer Sammlermünze zu sprechen ist, als von einer Kapitalanlagemünze.

• *Mexikanischer Libertad:*
Obwohl diese Münze 1981 nach dem Krügerrand und dem Maple Leaf die dritte Anlagemünze war, die auf den Markt kam, konnte sie sich nicht recht durchsetzen und ist im deutschsprachigen Bereich nur selten zu erhalten. Zudem gibt es verschiedene Versionen und Feinheiten dieser Münze, die einer weiteren Verbreitung ebenfalls zuwider liefen.

• *Chinesischer Panda:*
Diese seit 1982 hergestellte Münze wird seit dem Jahrgang 2005 mit einer speziellen Spiegeltechnik geprägt, die die Darstellung der schwarzweißen Pandabären ermöglicht [3.31]. Ein auf China-Münzen spezialisierter Händler in Deutschland ist Dr. Klaus Neugebauer aus Menden [3.32].

Kapitel 20
Silbermünzen zur Kapitalanlage

Wie zuvor erwähnt, erfreuen sich speziell in Deutschland die Silbermünzen seit dem 01.01.2007 einer steigenden Beliebtheit, da sie aufgrund ihrer verminderten Besteuerung von 7 % die Silberbarren mit 19 % Mehrwertsteuer mehr oder minder völlig verdrängt haben. Ein kurzes Rechenbeispiel für Privatanleger mag dies nochmals verdeutlichen:

Eine Silbermünze mit einer Unze Feingewicht kostete im März 2007 mit Steuer 12,52 Euro. Umgerechnet auf ein Kilogramm waren dies 402,53 Euro, wohlgemerkt inklusive Mehrwertsteuer. Ein 1-Kilogramm-Silberbarren kostete hingegen 414,12 Euro, ein 5-Kilogramm-Barren 407,46 Euro je Kilogramm (Barrenpreise inklusiv 19 % Mehrwertsteuer). Mit anderen Worten: Das übliche Gesetz »je kleiner die Einheit, desto größer das Aufgeld« gilt in Deutschland für Silber aufgrund der Besteuerung seit dem 01.01.2007 nicht mehr.

Ich persönlich bin aus zwei Gründen ein großer Freund dieser Silbermünzen zu einer Unze zum Zwecke der Versicherung gegen einen möglichen Crash der staatlichen ungedeckten Papierwährungen. Erstens: Diese kleinen Münzen werden selbst nach einem starken Wertanstieg im Gegensatz zu Goldmünzen im täglichen Wirtschaftsleben noch immer halbwegs handel- und tauschbar sein. Und daraus abgeleitet ist der zweite Grund, daß wir heute bereits nicht mit einem 500-Euro-Schein zum Bäcker gehen, sondern mit einer kleineren Einheit, von der wir wissen oder hoffen, daß der Bäcker wahrscheinlich darauf wechseln können wird.

Eine Feinunze Gold wird nach einem möglichen Währungszusammenbruch eine derartig hohe Werteinheit darstellen, daß niemand diese wird wechseln können, es sei denn, Sie wünschen gleich den ganzen Laden leerzukaufen. So meldete pro aurum in ihrem Tageskommentar am 08.03.2007 [3.33]:

»Bei Silber standen die Unzenmünzen American Eagle und Maple Leaf im Fokus der Anleger. Die Verfügbarkeit der Silbermünzen Maple Leaf ist derzeit eingeschränkt. Wir erwarten erst Ende nächster Woche wieder eine Lieferung und bitten unsere Kunden um etwas Geduld.«

Sie können sicher sein, daß es irgendwann in der Zukunft im normalen, freien Handel diese Silbermünzen gar nicht mehr geben wird.

Die zwei bekanntesten und beliebtesten Silbermünzen sind auch die mit dem niedrigsten Aufgeld, der kanadische Maple Leaf und der amerikanische Eagle.

20.1. Der kanadische Maple Leaf

Der Maple Leaf wird seit 1988 mit einer Silber-Feinheit von 99,99 % geprägt. Das jährlich gleichbleibende Motiv ist wie beim goldenen Bruder das Ahornblatt (engl. »maple leaf«) auf der Vorderseite und Königin Elizabeth II. auf der Rückseite. Als Größe wird lediglich die 1-Unzen-Münze mit einem Durchmesser von 38 Millimeter geprägt.

Abbildung 3.9.: Kanadischer Maple Leaf, 1 Unze Silber
Quelle: www.goldseiten.de [3.34]

Der Nennwert des Maple Leaf liegt mit 5 CAN-$ ungefähr gleich hoch, wie der der Britannia-Goldmünze und ist daher auch aus diesem Blickwinkel heraus ein gutes Investment.

Münze	Nennwert	Metallpreis	Differenz
Gold-Britannia	100 GBP (ca. 150 €)	ca. 500 €	−70 %
Silber Maple Leaf	5 Can-$ (ca. 3,2 €)	ca. 10 €	−68 %

Wie zuvor im Tageskommentar von pro aurum gehört, steht der Maple Leaf in Silber in der Anlegergunst sehr hoch. Wiederholt kam es bereits zu Lieferverzögerungen, da die Royal Canadian Mint [3.19] nicht mit der Nachfrage Schritt halten konnte.

Diese Münze ist als absolutes Basisinvestment im Bereich physischer Anlagemünzen zu sehen und sollte in keinem Edelmetall-Depot fehlen. Die Frage, wieviele dieser Münzen Sie mindestens besitzen sollten, wird in Kapitel 21 diskutiert.

20.2. Der American Eagle

Zeitgleich mit dem American Eagle in Gold, wurde 1986 auch der »Silberadler« auf den Markt gebracht. Dessen Vorderseite wurde von einem deutschen Auswanderer Namens Weinmann entworfen. Der Nennwert der Münze beträgt im Gegensatz zum Maple Leaf nur 1 US-Dollar, die Feinheit 99,93 % (zulegiert sind 0,07 % Kupfer).

Abbildung 3.10.: American Eagle, 1 Unze Silber
Quelle: www.goldseiten.de [3.35]

Auch der Silver Eagle wird ausschließlich in einer Größe von einer Unze geprägt, hat einen Durchmesser von 40,6 Millimeter und ist damit etwas größer als der Maple Leaf. Seit vielen Jahren liegen die Verkaufszahlen um die 10 Millionen Unzen pro Jahr [3.36].

20.3. Der australische Kookaburra

Der Kookaburra ist ein Vogel aus der Familie der Eisvögel [3.37] und erhielt seinen Namen von den australischen Ureinwohnern, den Aborigines. Die gleichnamige Münze wird seit 1990 von der Perth Mint [3.38] in Westaustralien geprägt. Seit 1992 beträgt der Nennwert 1 AUS-$. Das Motiv des Kookaburra-Vogels auf der Vorderseite ist wechselnd. Die Motive der Jahrgänge 1990, 1992, 2000, 2001, 2002 und 2003 finden Sie unter Referenz [3.39]. Die Reinheit der Münze beträgt 99,9 %.

Abbildung 3.11.: Australischer Kookaburra, 1 Unze Silber
Quelle: www.goldseiten.de [3.39]

In Deutschland kann diese optisch sehr ansprechende Münze bei pro aurum (München, Berlin) bezogen werden (die große 1-Kilogramm-Münze ebenso bei der Firma Westgold). Der Preis der 1-Unzen-Münze liegt jedoch zirka 24 % über dem des Maple Leafs oder des Silber-Eagles. Im Gegensatz zu diesen wird der Kookaburra jedoch in verschiedenen Größen hergestellt.

Unzen	Gesamtgewicht	Durchmesser	Nennwert
32,15	1000,00 Gramm	101,00 mm	30 AUS-$
10	311,03 Gramm	75,50 mm	10 AUS-$
2	62,206 Gramm	53,30 mm	10 AUS-$
1	31,103 Gramm	40,60 mm	1 AUS-$

Als Alternative zum Kookaburra stellt die Perth Mint seit Anfang 2007 auch die Koala-Münze her. Die Feinheit dieser Münze beträgt ebenfalls 99,9 %, das Motiv des Koalas wird jährlich wechseln.

Abbildung 3.12.: Australischer Koala, 1 Unze Silber
Quelle: www.bullionweb.de [3.40]

Die Münze kann ebenfalls über pro aurum bezogen werden und ist nur unwesentlich teurer als die Kookaburra-Münze.

20.4. Weitere Silbermünzen

Neben diesen drei Standard-Silbermünzen, gibt es, wie beim Gold, weitere mehr oder minder bekannte und verbreitete Gattungen.

- **Der mexikanische Libertad:**

Ein Jahr nach dem Gold-Libertad wurde auch der Silber-Libertad geprägt, zunächst nur als 1-Unzen-Münzen, ab 1991 auch in den Stückelungen $1/2$-, $1/4$-, $1/10$- und $1/20$-Unzen. Da die Aufgelder für diese kleinen Münzen jedoch sehr hoch sind, sind sie für Anleger kaum geeignet.

- **Die australische Lunar-Serie:**

Nach dem Erfolg der goldenen Lunar-Serie, wurde diese ab 1999 auch in Silber aufgelegt. Weitere Informationen und die Bilder verschiedener Jahrgänge finden Sie im Internet unter Referenz [3.41].

- **Der chinesische Panda:**

Ebenso wie der mexikanische Libertad, wurde der chinesische Panda – ein Jahr nach dem Erscheinen in Gold – auch in Silber aufgelegt. Die Jahrgänge 1983 bis 1985 weisen eine Feinheit von 90,0 % auf. Nachdem 1986 keine Münzen geprägt wurden, wurden die Jahrgänge ab 1987 mit einer Reinheit von 99,9 % hergestellt. Wie beim

Kookaburra, gibt es beim Silber-Panda verschiedene Gewichte, die von einer halben Unze bis zu einem Kilogramm reichen.

Der Preis des Pandas liegt bei pro aurum zirka 37 % über dem der Maple Leafs. Dies bestätigt die Ausnahmestellung des Maple Leafs, wie auch des American Eagles, im Bereich der Silber-Bullionmünzen. Bei diesen beiden genannten Gattungen erhalten Sie als Anleger schlicht und ergreifend die größte physikalische Menge an Edelmetall. Weitere Informationen zur Panda-Münze sowie Bilder verschiedener Jahrgänge finden Sie im Internet unter der Referenz [3.42]. Neben pro aurum können diese chinesischen Münzen, wie bereits zuvor erwähnt, auch von Dr. Klaus Neugebauer aus Menden [3.32] bezogen werden.

Abbildung 3.13.: Chinesischer Panda, 1 Unze Silber
Quelle: www.goldseiten.de [3.42]

• **Die britische Britannia:**
Diese, seit 1997 von British Royal Mint hergestellte Münze, ist die einzige Silber-Anlagemünze aus Europa und weist lediglich eine Reinheit von 95,8 % auf. Die Motive der Vorderseite sind wechselnd, als Gattungen sind neben der 1-Unzen-Münze auch $1/2$-, $1/4$-, $1/10$-Unzen-Münzen erhältlich.

Kapitel 21
Wieviele Münzen brauche ich?

In meinem ersten Buch »Generation Gold« hatte ich meinen Lesern eine biblische Herleitung präsentiert, für die ich im Prinzip nur Zustimmung erfahren habe. Ich möchte diese Argumentationsweise deshalb anschließend nochmals wiederholen.

In einem persönlichen Gespräch mit Reinhard Deutsch [3.43] im Herbst 2006 vertrat er die Meinung, daß auch ein 100-Prozent-Investment in Gold und Silber Sinn machen würde. Mit anderen Worten: Alles frei verfügbare staatliche Geld in Gold und Silber umzuwandeln, wäre demnach auch kein Fehler. Je mehr ich mich mit der Materie beschäftige, Bücher und weitere Quellen studiere, um so mehr möchte ich mich dieser Ansicht anschließen. Wir wissen, empirisch belegt, daß staatliches Papiergeld noch nie in der Geschichte längerfristig währte und daß Staaten und Regierungen immer eine unsichtbare Zusatzsteuer namens Inflation erheben (eine Steuer, die ja erst durch ungedecktes Papiergeld möglich wurde). Welchen Sinn macht es also, irgendeine längerfristige Anlage in dieser Währung zu tätigen? Für diejenigen, die dieser Argumentation folgen möchten, kann die Schlußfolgerung also nur bedeuten, im Bereich Wertanlage zur Gänze aus dem Papiergeldsystem auszusteigen.

Die biblische Ableitung, von der ich eben sprach, sah und sieht wie folgt aus. In der Offenbarung des Johannes heißt es im sechsten Kapitel, Verse 5–6:

»(...) *Und ich sah, und siehe, ein schwarzes Pferd. Und der darauf saß hatte eine Waage in seiner Hand. Und ich hörte eine Stimme mitten unter den vier Gestalten sagen: Ein Maß Weizen für einen Silbergroschen und drei Maß Gerste für einen Silbergroschen; aber dem Öl und Wein tu keinen Schaden!*«

Der amerikanische Autor Hal Lindsey interpretierte bereits 1973 in seinem Buch »Die Feuerflut« (Originaltitel: »There's a new world coming«) diese Verse wie folgt:

»Das Gericht, das der Reiter auf dem schwarzen Pferd darstellt, scheint eine weltumspannende Währungskatastrophe zu sein. Durch den Krieg im Nahen Osten, der sich über die ganze Welt ausbreitet, werden Nahrungsmittel, Öl und andere lebendsnotwendige Gebrauchsgüter immer knapper. Je hungriger die Menschen, desto lüsterner sind sie.
Die Waage deutet auf eine Lebensmittelknappheit hin, denn Nahrungsmittel werden dann so sorgfältig wie Gold aufgewogen werden. (...) Erschreckend ist, daß eine Tagesration Weizen einen Denar kosten wird [Anmerkung des Verfassers: Ein Silbergroschen oder Denar wog zu Anfang 4,55 Gramm]. Dafür muß ein Durchschnittsverdiener einen vollen Tag arbeiten. Oder er kann mit demselben Geld drei Maß Gerste kaufen (eine weniger wertvolle Getreideart). Mit anderen Worten, der Durchschnittsverdiener wird während der großen Trübsal seinen gesamten Verdienst für die Ernährung seiner Familie ausgeben müssen.
Olivenöl und Wein waren zur Zeit des Johannes Luxusgüter. Der Reiter wurde angewiesen, sich nicht mit diesen Dingen abzugeben. Offensichtlich wird kein Mangel an Luxusgütern herrschen, doch der normale Bürger wird sie sich nicht leisten können. Nur die Reichen werden dann noch ein normales Leben führen können. Das Sprichwort, daß die Reichen immer reicher und die Armen immer ärmer werden, trifft für die große Trübsal besonders zu.«

Und weiter:

»Wenn die Preise immer höher klettern und der Dollar ständig an Wert verliert, kann man sich leicht ausrechnen, wie die Welt in jenen Zustand der Armut verfallen kann, der in Offenbarung 6 so plastisch beschrieben ist.« [3.44]

Ich weiß nicht, wie es Ihnen beim Lesen dieser Zeilen aus dem Jahr 1973 geht. Als ich sie las, lief es mir kalt über den Rücken, was von diesen Auslegungen von Hal Lindsey heute bereits erfüllt ist beziehungsweise sich anschickt, vor unseren Augen erfüllt zu werden.

Die große Trübsal, die in der Offenbarung Kapitel 6 beschrieben wird, und an deren Ende Jesus Christus wieder auf die Erde zurückkommen wird, dauert sieben Jahre. Sieben Jahre sind rund 2.500 Tage, das heißt, um durch die Trübsal hindurch für seine Lebensmittel bezahlen zu können, bräuchte man

2.500 Tage × 4,55 g (ein Denar)
= 11,4 Kilogramm = 365 Unzen Silber

Anders ausgedrückt: Pro Woche würde man nach dieser Lesart eine Unze Silber aufwenden müssen, um die notwendigen Lebensmittel kaufen zu können.

52 Wochen × 7 Jahre = 364 Wochen

Als gläubiger Christ empfinde ich persönlich diese gefundene Faustformel als sehr einprägsam: Pro Woche eine Unze Silber. Daher mein persönlicher Rat: Kaufen Sie für sich und Ihre Familie zuerst rund 350 bis 400 Silbermünzen zu einer Unze das Stück. Nach den heutigen Preisen ergibt dies eine Kaufsumme von zirka 5.000 Euro.

Diese Rechnung spiegelt auch sehr schön den künftigen Zugewinn des Silbers an Kaufkraft wieder. Heute könnten Sie sich von einer Unze Silber (rund 12 Euro) ein Mittagessen kaufen. In Zukunft könnte diese Unze für eine Woche und dazu noch für eine ganze Familie reichen.

Auf der ersten Edelmetallmesse in München im November 2005 sprach ich mit einem Münzhändler aus Zürich über genau dieses Thema. Er meinte dazu, daß in der Vergangenheit nach 2 bis 2,5 Jahren das schlimmste immer vorbei war und man für eine 7,4-Gramm-Goldmünze »drei Tage Futter« bekommen würde. Mit 200 Münzen sollte man also durch diese Zeit hindurch kommen.

Ich persönlich kann nicht ganz glauben, daß sich die wirtschaftlichen Ungleichgewichte, die sich nunmehr über Jahrzehnte hinweg aufgebaut haben, in nur zwei oder drei Jahren ausgeglichen und abgebaut haben werden. Ich denke, daß eine längere Zeit der Trübsal über die alte Welt hereinbrechen wird, für die wir uns rüsten sollten. Treffend meinte der Chefvolkswirt der Deutschen Bank, Norbert Walter, denn auch: »Die Alte Welt wird alt aussehen.«

Zusammenfassend kann man also die Frage, wieviele Silbermünzen man sich als Versicherung zulegen sollte, mit einem zwinkernden Auge wie folgt beantworten: Sind Sie ein unverbesserlicher Optimist, der noch immer an Politiker und Papiergeld glaubt, dann kaufen Sie zumindest für 5.000 Euro Silbermünzen ein. Der mögliche Schaden, wenn überhaupt, kann nicht sehr groß werden. Sind Sie jedoch ein Realist, dem die Zusammenhänge unseres verzinslichen und damit exponentiellen Papiergeldsystems klar sind, dann kratzen Sie um Ihrer Zukunft willen alle frei verfügbaren Mittel zusammen und kaufen davon Gold- und vor allem Silbermünzen.

Kapitel 22
Zusammenfassung des dritten Teils

Gold- und Silbermünzen bilden den Grundstock und das Fundament eines jeden Edelmetall-Investments. Genug von ihnen kann man im Grunde nicht haben.

Bei den Goldmünzen ragen der südafrikanische Krügerrand wegen seines geringen Aufgeldes, die britische Britannia wegen ihres hohen Nennwertes und das Schweizer Vreneli wegen seines historischen Charakters hervor. Weitere weltweit bekannte und zu empfehlende Anlagemünzen sind der australische Nugget (Känguruh), der kanadische Maple Leaf, die Wiener Philharmoniker und der American Eagle.

Noch mehr als Goldmünzen besitzen die Silbermünzen zu einer Unze die Eigenschaft einer Versicherung für den durchaus möglichen Fall, daß staatliches Papiergeld vom Bäcker oder Metzger nebenan nicht mehr angenommen werden sollte.

Die beiden Silbermünzen mit dem niedrigsten Aufgeld sind der kanadische Maple Leaf sowie der American Eagle. Da der Maple Leaf unlegiert ist, das heißt aus technisch reinstem Silber besteht, ist er jedoch gegenüber dem Eagle vorzuziehen.

Aufgrund der Anhebung der Mehrwertsteuer in Deutschland von 16 auf 19 % zum 01.01.2007, haben die Silbermünzen mit dem unverändert reduzierten Steuersatz von 7 % die Silberbarren faktisch völlig verdrängt.

Da bei der kommenden Wertsteigerung (beziehungsweise Inflationierung der staatlichen Papierwährungen) eine Goldunze eine sehr hohe Kaufkraft besitzen wird, wird diese vermutlich nur für sehr große Käufe genutzt werden können. Um das tägliche Überleben in der Übergangsphase zu sichern, empfehlen sich daher unbedingt Silbermünzen zu einer Unze.

Die Frage nach der Größe des notwendigen Grundstockes läßt sich aus biblischer Sicht in der Art ableiten, daß 350 bis 400 Silbermünzen zu je einer Unze empfohlen werden können.

Quellenangaben

[3.1] www.samint.co.za/CollectorCoins/CurrentProducts/Krugerrand.asp
[3.2] www.anlage-muenzen.com/goldmuenzen/gold-kruegerrand.htm
[3.3] www.nwtmintbullion.com/gold_krugerrand.php
[3.4] www.gold.co.za
[3.5] www.samint.co.za/
[3.6] de.wikipedia.org/wiki/Krugerrand
[3.7] www.royalmint.com
[3.8] www.anlage-muenzen.com/goldmuenzen/gold-britannia.htm
[3.9] www.goldsammler.eu/gb_britannia.html
[3.10] www.goldseiten.de/content/muenzen/gold.php#britannia
[3.11] Hans J. Bocker: »Gold-Dossier«, Polarfilm Medien 2000, S. 53,54
[3.12] www.britische-muenzen.de
[3.13] www.the-privateer.com/1933-gold-confiscation.html, englischsprachig
[3.14] www.goldseiten.de/content/muenzen/gold.php#nugget
[3.15] www.anlage-muenzen.com/goldmuenzen/gold-nugget.htm
[3.16] www.perthmint.com
[3.17] www.ramint.gov.au
[3.18] www.proaurum.de/products/3000.htm
[3.19] www.royalmint.com
[3.20] www.anlage-muenzen.com/goldmuenzen/gold-maple-leaf.htm
[3.21] www.goldsammler.eu/kanada_mapleleaf.html
[3.22] www.austrian-mint.com
[3.23] www.austrian-mint.com/phil_geschichte?l=de
[3.24] www.zlate-mince.cz/ZRAK2005_Philharmoniker_1Oz.htm
[3.25] www.edelmetallmesse.de/
[3.26] www.austrian-mint.com/wienerphilharmoniker?l=de
http://de.wikipedia.org/wiki/Wiener_Philharmoniker_(Münze)
[3.27] www.usmint.gov
[3.29] www.anlage-muenzen.com/goldmuenzen/gold-eagle.htm
[3.30] www.goldseiten.de/content/muenzen/gold.php#eagle
[3.31] www.goldseiten.de/content/diverses/artikel.php?storyid=722
[3.32] www.china-coins.com
[3.33] www.goldseiten.de/content/marktberichte/marktberichte.php?storyid=4070
[3.34] www.goldseiten.de/content/muenzen/silber.php#mapleleaf
[3.35] www.goldseiten.de/content/muenzen/silber.php#eagle
[3.36] www.usmint.gov/mint_programs/american_eagles/index.cfm?action=sales
[3.37] http://de.wikipedia.org/wiki/Jägerliest_(Art)
[3.38] www.perthmint.com
[3.39] www.goldseiten.de/content/muenzen/silber.php#kookaburra
[3.40] www.bullionweb.de/artikel/australien-silber-koala.html
[3.41] www.goldseiten.de/content/muenzen/silber-modern.php#lunar
[3.42] www.goldseiten.de/content/muenzen/silber-modern.php#panda
[3.43] Autor von »Das Silberkomplott«, der leider zu Beginn des Jahres 2007 verstarb.
[3.44] Hal Lindsey: »Die Feuerflut, Geburtswehen einer neuen Welt«,
Verlag Schulte+Gerth 3. Auflage 1991, S. 109 und 110.

Teil 4

Informationsquellen

Innerhalb eines solchen Buches können natürlich nur grundlegende Dinge dargestellt werden, denen eine gewisse Allgemeingültigkeit anhängt. Der Büchermarkt, das Internet, Newsletter und Börsenbriefe sowie Konferenzen und Messen bieten mittlerweile eine Vielzahl von weiteren aktuellen Informationsquellen rund um das Thema Edelmetalle. Die folgenden Seiten sollen Ihnen möglichst objektiv einen Überblick über diesen wachsenden Markt geben.

Kapitel 23
Bücher

Ich kann Ihnen die folgenden Bücher zur weiteren Lektüre empfehlen. Die Reihenfolge der Aufzählung sagt nichts über eine Gewichtung oder vergleichende Wertung aus. Obwohl die ersten drei Buchtitel im Kopp-Verlag erschienen sind, erfolgt deren Nennung ausschließlich aufgrund meiner persönlichen Überzeugung und nicht etwa aufgrund einer Bitte meines Verlagers. Mein eigenes Buch »Generation Gold« möchte ich Ihnen nicht explizit empfehlen. Es enthält eine Zusammenfassung aller wichtigen Aspekte, die für ein Investment in Gold und Silber sprechen (Staatsverschuldung, Endlichkeit von Zinssystemen, Inflation etc.).

23.1. Ferdinand Lips: »Die Gold-Verschwörung«

Dieses Buch erschien zunächst 2002 unter dem Titel »Gold Wars« in Amerika und 2003 in deutsch im Kopp-Verlag, Rottenburg. Der Privatbankier, Finanzanalytiker und Währungshistoriker Ferdinand Lips (1931–2005) war 1968 Mitbegründer und langjähriger Direktor der Rothschild-Bank in Zürich und gründete 1987 seine eigene Lips-Bank. Wie kaum ein zweiter vertrat er die Meinung, daß nur ein neuer Goldstandard (Hinterlegung des umlaufenden Papiergeldes mit Gold und Tauschrecht der Bürger Papier in Gold) unsere Wirtschaft und Gesellschaft wieder in vernünftige Bahnen bringen kann.

In seinem Buch zeigt er daher detailliert die staatlichen Maßnahmen auf, die seit den 30er Jahren des vorigen Jahrhunderts das Gold diskreditieren und aus den Köpfen der Menschen bringen sollte. Da Gold nicht irgendein Metall ist, sondern stets ein Politikum, wurde (und wird) fortlaufend versucht, den Goldpreis durch Manipulationen zu drücken, um die Inflationierung der Papierwährungen vor den Augen der Bevölkerung zu verschleiern.

Dieses Buch trägt viel zum grundlegenden Verständnis bei, warum der Goldpreis noch nie in seiner jüngeren Geschichte in einem freien Markt durch Angebot und Nachfrage bestimmt werden durfte. Wäre dies der Fall – so sind sich viele Goldexperten einig – würde der Goldpreis bereits heute wesentlich höher stehen, denn einer jährlichen Neuförderung von rund 2.500 Tonnen steht eine Nachfrage von zirka 4.000 Tonnen gegenüber. Dieses Angebot fällt jedoch geologisch und technisch bedingt seit einigen Jahren, während die Nachfrage aufgrund der Bevölkerungsentwicklung und der sich beschleunigenden Inflation tendenziell immer weiter steigt. Dennoch setzt der Autor mit seinem großen Fachwissen (und seiner Lebenserfahrung) meines Erachtens an einigen Stellen Grundlagen voraus, die nicht bei allen Lesern vorhanden sein dürften. Als Erst- oder Einsteigerlektüre ist dieses Buch daher nicht unbedingt zu empfehlen; wohl jedoch, um tiefere Einblicke in die Materie zu erhalten.

Ferdinand Lips: »Die Gold-Verschwörung«
erschienen 2003 im Kopp-Verlag, Rottenburg
ISBN 3-930219-54-9, 382 Seiten, Preis 19.90 EUR

23.2. Reinhard Deutsch: »Das Silberkomplott«

Als Einstiegslektüre wesentlich besser geeignet erscheint mir das Buch »Das Silberkomplott« von Reinhard Deutsch (1936–2007), welches 2006 ebenfalls im Kopp-Verlag erschien.

Als gelernter Buchhändler und Verlagskaufmann (und Bruder von Harri Deutsch, bekannter Verleger von wissenschaftlich-technischer Fachliteratur) war er immer um eine klare und verständliche Sprache bemüht. Sein Credo »Geldtheorie ist nicht schwer, und es geht um Ihre Zukunft« kommt in seinem Buch immer wieder zum Ausdruck.

Er spannt den Bogen von Gold und Silber noch wesentlich weiter als Lips, indem er deren Preisentwicklung seit 1344 analysiert. Er erklärt zum Beispiel, daß die Silberpreise in der Alten Welt fielen, als die spanischen Seefahrer begannen, die Neue Welt diesbezüglich auszuplündern, was das Angebot natürlich stark steigen ließ. Weiterhin wird dem Leser erläutert, wie es den Staatslenkern in einem jahrhundertelangen Plot gelang, Gold und Silber durch an sich wertlose Papierscheine zu ersetzen – Papierscheine, deren Vermehrung durch das Zentralbanksystem keinerlei Grenzen gesetzt sind. Deutsch prophezeit einen erneuten Anstieg des Silbers auf sein Allzeithoch aus dem Jahre 1477: Über 800 Dollar je Unze. Ich persönlich verdanke Reinhard Deutsch sehr viel, da er mir immer wieder geduldig meine Fragen beantwortet hat. Sein Buch ist in höchstem Maße zu empfehlen, und jeder Investor sollte sich mit seinen Thesen auseinandersetzen.

Reinhard Deutsch: »Das Silberkomplott«
erschienen 2006 im Kopp-Verlag, Rottenburg
ISBN 3-938516-26-7, 320 Seiten, 19.90 EUR

23.3. G. Edward Griffin: »Die Kreatur von Jekyll Island«

Dieses Buch scheint den Leser mit seiner Dicke zunächst zu erschlagen, und dennoch: Wenn Sie diese 670 Seiten gelesen haben, verstehen Sie die heutige Welt ein großes Stück weit besser. Der amerikanische Autor geht anhand der Gründung der Federal Reserve der Frage nach, wie das heutige Zentralbankwesen überhaupt entstehen konnte. Die Antwort ist simpel wenn auch grausam: damit die Hochfinanz ihre Gewinne auf Kosten der Allgemeinheit und die Regierungen ihre Macht über die Bürger festigen konnten und noch immer können.

Griffin beginnt seine Geschichte im Jahr 1910 in New Jersey, als sich ein Kartell aus sieben Vertretern der Hochfinanz (unter anderem von J. P. Morgan, Rockefeller, Kuhn, Loeb & Company, Paul M. Warburg) in einem Zug auf die Insel Jekyll Island in Georgia begaben, um das vierte amerikanische Zentralbanksystem aus der Taufe zu heben, nachdem die ersten drei schon gescheitert waren. Die Ziele des Kartells sind:
1. *die wachsende Konkurrenz der neuen Banken in Schach zu halten,*
2. *die Konzession erlangen, Geld praktisch aus dem Nichts heraus für Darlehen zu drucken,*
3. *die Kontrolle über die Reserven aller Banken zu erlangen,*
4. *den Steuerzahler für die unvermeidbaren Verluste des Kartells heranzuziehen und*
5. *den Kongreß davon zu überzeugen, dies alles diene nur der Öffentlichkeit.* [4.5]

Dem Leser wird klar, daß in Wahrheit alle Zentralbanken dieser Welt für die fortwährende Entwertung des Papiergeldes verantwortlich sind und daß diese das perfekte Werkzeug für unbegrenzte Regierungsausgaben und endlose Profite der Banker sind. Das Allerbeste daran: Die kleinen Leute, die die Rechnung für diese beiden Gruppen begleichen müssen, sind praktisch ahnungslos, was mit ihnen geschieht [4.6].

G. Edward Griffin: »Die Kreatur von Jekyll Island«
erschienen 2006 im Kopp-Verlag, Rottenburg
ISBN 3-938516-28-3, 672 Seiten, Preis 29.90 EUR

23.4. Roland Leuschel, Claus Vogt:
»Das Greenspan Dossier«

Obwohl dem FinanzBuch Verlag immer eine gewisse Hochpreisigkeit angelastet wird, lohnt sich meines Erachtens die Investition für dieses Buch (Untertitel: »Wie die US-Notenbank das Weltwährungs-

R. Leuschel, C. Vogt: »Das Greenspan Dossier«
erschienen 2004 im FinanzBuch Verlag München
ISBN 3-898790-45-2, 353 Seiten, Preis 34.90 EUR

system gefährdet oder Inflation um jeden Preis«). Die Autoren, Anhänger der Österreichischen Schule der Nationalökonomie, zeigen auf, warum die amerikanische Federal Reserve unter ihrem früheren Vorsitzenden Alan Greenspan durch eine massive Ausweitung der Dollar-Geldmenge das gesamte Weltwährungssystem zum Einsturz bringen wird.

Die Hüter der Währung sind in Wahrheit deren Zerstörer: Seit Einführung der FED verlor der Dollar 98 % seines ursprünglichen Wertes. Die aktuellen Zahlen der M3-Geldmengenausweitung [4.7] zeigen, daß Greenspans Nachfolger Ben Bernanke [4.8], notgedrungen die Inflationspolitik seines Mentors weiterführt.

23.5. Bernard A. Lietaer: »Das Geld der Zukunft«

Der Belgier Lietaer [4.9] war Mitarbeiter der belgischen Zentralbank, preisgekrönter Währungsspekulant eines Hedgefonds (»Welt-Top-Währungshändler«), Berater globaler Konzerne und später der Entwicklungsländer Lateinamerikas für deren Devisengeschäfte. Es ist interessant zu lesen, was ein Insider des Systems von selbigem hält.

Bernard A. Lietaer: »Das Geld der Zukunft«
erschienen 2002 im Riemann Verlag, München
ISBN 3-570500-35-7, 480 Seiten, Preis 19.95 EUR

Leicht verständlich interpretiert er in seinem Buch unser aktuelles Währungssystem und hinterfragt, was heute von den allermeisten Menschen als quasi »gottgegeben« hingenommen wird:
> »Geld ist üblicherweise mit einem (1) Nationalstaat verbunden. Es ist (2) Fiat- oder ungedecktes Geld, das heißt aus dem Nichts geschaffen durch (3) Bankdarlehen gegen die Zahlung von (4) Zinsen.« [4.10]

Dieses Buch hat nicht unmittelbar mit dem Thema Edelmetalle zu tun, zeigt jedoch klar die Endlichkeit unseres heutigen Zinsgeldsystems auf. Lietaer ist zudem Anhänger und Verfechter einer globalen Währung, die er »Rechnungseinheit Terra« nennt und die mit einem Korb aus Waren und Dienstleistungen hinterlegt sein sollte [4.11]:
- *30 Hundertstel Gold*
- *2 Kilogramm Getreide*
- *200 Gramm Fleisch*
- *1 Liter Wein*
- *3 Kilogramm Stahl*
- *200 Gramm Baumwolle*
- *200 Gramm Kupfer*
- *1 Kilometertonne*
- *10 Kilowattstunden*
- *$1/2$ Arbeitsstunde*

23.6. Murray Newton Rothbard: »Das Schein-Geld-System«

Der libertäre amerikanische Ökonom Murray Rothbard (1926–1995) [4.12] war ein bedeutender Vertreter der Österreichischen Schule der Nationalökonomie [4.13]. In seinem Buch »Das Schein-Geld-System« (Untertitel: »Wie der Staat unser Geld zerstört«) beschreibt er auf knapp 100 Seiten in verständlichen Worten alle Grundlagen des Geldsystems sowie die Zusammenhänge unserer heutigen Geld-, Währungs- und Finanzkrisen.

Dieses Wissen ist für jeden unabdingbar, der sich Gedanken über die Stabilität seiner Währung und seiner Geldanlagen macht. Wieder kommt der Gedanke zum Tragen, daß ein langfristiges Sparen in einer Recheneinheit, die von allen Staaten fortlaufend und gezwungenermaßen entwertet wird, nicht möglich ist.

Aus dem Inhalt:
* *Geld in einer freien Gesellschaft*
* *Staatliche Eingriffe in das Geldwesen*
* *Der monetäre Zusammenbruch des Westens*

Grundlage dieses Buches war übrigens die bereits 1963 erschienene Publikation »What has Government done to our Money?«, die Rothbard in den Jahren 1985 und 1990 nochmals ergänzte und aktualisierte (im Original unter Referenz [4.14] im Internet ladbar).

Murray Newton Rothbard: »Das Schein-Geld-System«
erschienen 2000 im Resch Verlag, Gräfelfing
ISBN 3-930039-72-9, 160 Seiten, Preis 14.32 EUR

23.7. Weitere Buchempfehlungen

Neben den zuvor vorgestellten sechs Büchern gibt es natürlich noch eine Reihe weiterer Literatur, die das Thema Edelmetallanlage sowie verwandte und angrenzende Themen behandelt. Weitere Informationen zu den nachfolgend genannten Titeln entnehmen Sie bitte beispielsweise Homepages wie www.amazon.de.

- Herwig Birg: *»Die Weltbevölkerung –*
  Dynamik und Gefahren«
  2. Auflage 2004, Beck Verlag, München
  ISBN 3406519199, 142 Seiten, Preis 7.90 EUR

- Oswald Metzger: *»Einspruch!*
  Wider den organisierten Staatsbankrott«
  2004, Goldmann Verlag, München
  ISBN 3442152801, 256 Seiten, Preis 8.95 EUR

- Bernd Senf: *»Der Nebel um das Geld – Zinsproblematik, Währungssysteme, Wirtschaftskrisen: Ein Aufklärungsbuch«*
  7. Auflage 2004, Verlag für Sozialökonomie, Lütjenburg
  ISBN 3879984352, 254 Seiten, Preis 17.90 EUR

- Robert Rethfeld, Klaus Singer: *»Weltsichten Weitsichten –*
  Ein Ausblick in die Zukunft der Weltwirtschaft«
  2004, FinanzBuch Verlag, München
  ISBN 3898790703, 358 Seiten, Preis 29.90 EUR

- James Turk, John Rubino: *»Der Kollaps des Dollars –*
  Der Untergang einer Weltwährung«
  2005, FinanzBuch Verlag, München
  ISBN 389879119X, 297 Seiten, Preis 34.90 EUR

- Manfred Gburek: *»Das Goldbuch –*
  Faszination, Geldanlage, Sicherheit«
  2004, FinanzBuch Verlag, München
  ISBN 3898790304, 284 Seiten, Preis 34.90 EUR

- Walter Wittmann: »*Das globale Desaster:
  Konsequenzen für den Anleger*«
  6. Auflage 2002, Wirtschaftsverlag Langen Müller, München
  ISBN 3784473423, 244 Seiten, Preis 18.90 EUR

- Bruno Bandulet: »*Was wird aus unserem Geld?*«
  6. Auflage 1997, Wirtschaftsverlag Langen Müller, München
  ISBN 3784473474, 288 Seiten
  (nur noch gebraucht über Amazon.de erhältlich)

- Siegfried Freick: »*Die Währungsreform 1948 –
  Weichenstellung für ein halbes Jahrhundert*«
  2001, Schkeuditzer Buchverlag, Leipzig
  ISBN 3935530137, 148 Seiten, 9.– EUR

- Berd-Thomas Ramb: »*Vor der nächsten Währungsreform*«
  Herausgeber: Die Deutschen Konservativen e.V., Hamburg
  zu beziehen über Kopp-Verlag, Rottenburg
  www.kopp-verlag.de

- Hubert Roos: »*Gold-Boom –
  Gewinne und Sicherheit mit Gold*«
  2003, Börsenmedien Verlag, Kulmbach
  ISBN 3922669492, 130 Seiten, Preis 19.90 EUR

- Hubert Roos: »*Big Silver –
  Gewinnbringend investieren mit Silber*«
  2004 Börsenmedien Verlag, Kulmbach
  ISBN 3922669492, 120 Seiten, Preis 19.90 EUR
  (Persönliche Anmerkung: Die beiden Bücher von Roos sind
  leichtverständlich geschrieben, überschneiden sich jedoch im
  Inhalt teilweise und sind für ihren Umfang relativ teuer.)

- Andreas Popp: »*Brot und Spiele –
  Schadlos durch die Wirtschaftskrise*«
  Neuauflage 2004, Books on Demand, Norderstedt
  ISBN 3833417501, 185 Seiten, Preis 22.– EUR

- Andreas Becker: »*Das Risiko Privatvorsorge –
  Ein Leitfaden für sichere Altersvorsorge und Geldanlage*«
  2004, Books on Demand, Norderstedt
  ISBN 3833416572, 232 Seiten, Preis 22.– EUR

- Richard Heinberg: »*The Party's over – Das Ende
  der Ölvorräte und die Zukunft der industrialisierten Welt*«
  2004, Riemann Verlag, München
  ISBN 3570500594, 431 Seiten, Preis 21.– EUR
  (*Persönliche Anmerkung:* Dieses Buch zeigte mir, wie abhängig unsere derzeitige Weltirtschaft vom billigen Öl ist. Geht dieses aus, gehen auch die Lichter der Globalisierung aus. Der Autor Heinberg spricht nicht vom Ende des Öl, sondern vom Ende des billig und leicht zu fördernden Öls. Für dieses sollten wir das Produktionspeak sehr bald sehen, während die Nachfrage weiter um jährlich 2 % steigen wird.)

- Roland Baader: »*Geld, Gold und Gottspieler –
  Am Vorabend der nächsten Weltwirtschaftskrise*«
  2005, Resch Verlag, Gräfelfing
  ISBN 393519742X, 342 Seiten, Preis 18.90 EUR

- Günter Hannich: »*Börsenkrach und Weltwirtschaftskrise –
  Der Weg in den Dritten Weltkrieg*«
  2000, Kopp-Verlag, Rottenburg
  ISBN 3930219344, 316 Seiten, Preis 19.90 EUR

- Max Otte: »*Der Crash kommt – Die neue
  Weltwirtschaftskrise und wie Sie sich darauf vorbereiten*«
  2006, Econ Verlag, Berlin
  ISBN 3430200016, 304 Seiten, Preis 18.– EUR

Kapitel 24
Internet-Seiten

Das Internet bietet eine Fülle von Informationen, im Bereich Edelmetalle jedoch zumeist in englischer Sprache. Die folgenden Linktips sollen Ihnen Startpunkte für Ihre eigenen Recherchen geben.

- **www.goldseiten.de** (deutsch)
  Seit 1999 setzt Frank Hoffmann mit seinem Portal goldseiten.de den Maßstab im deutschsprachigen Internet. Hier finden Sie tagesaktuelle Informationen zu Gold und Silber sowie deren Minengesellschaften. Auf www.goldseitenforum.de finden stets lebhafte Diskussionen statt.

- **www.proaurum.de** (deutsch)
  Das Handelshaus pro aurum veröffentlicht börsentäglich einen Marktkommentar.

- **www.bandulet.de** (deutsch)
  Homepage von Bruno Bandulet, dem Herausgeber des »Gold & Money Intelligence« und des »Deutschlandbriefes«. Diese Homepage wird nicht täglich aktualisiert, enthält jedoch immer interessante Artikel zu Gold, Euro und Dollar sowie der aktuellen politischen Lage, wie sie Bandulet sieht.

- **www.bundesbank.de** (deutsch)
  Homepage der Deutschen Bundesbank mit vielen interessanten Statistiken und Zahlen.

- **www.destat.de** (deutsch)
  Homepage des Statistischen Bundesamtes in Wiesbaden.

- **www.staatsverschuldung-online.de** (deutsch)
  Webseite des Ex-Ministerialrates Dieter Meyer. Zitat: »Neuverschuldung, Zinseszinswachstum, steigender Schuldenstand – das sind die Triebkräfte der Staatsverschuldung,

ein ohne ihre Rückführung eigendynamisch bis zum Kollaps wachsendes gigantisches Schneeballsystem.«

- **www.staatsverschuldung.de**
  Informative Homepage des Flensburger Steuerberaters und Anwaltes Dr. Klaus Först.

- **www.geldreform.de** (deutsch)
  Materialien und Informationen zur Geld-, Zins- und Schuldenproblematik.

- **www.zeitenwende.ch** (deutsch)
  Hintergrundwissen, Fakten und Informationen zum Thema Finanzen und Wirtschaft.

- **www.zeit-fragen.ch** (deutsch)
  Wochenzeitung für freie Meinungsbildung, Ethik und Verantwortung.

- **www.systemfehler.de** (deutsch)
  Texte zu den Fehlentwicklungen in Wirtschaft und Gesellschaft. Offenes Diskussionsforum.
  (Persönliche Anmerkung: Diese Seite ist in der Nähe der Gesellschen Freiwirtschaftslehre anzusiedeln, die ich persönlich für keine Lösung halte. Beim umlaufgesicherten Geld handelt es sich wieder nur um ungedecktes Papiergeld, dessen Inflationierung nur eine Frage der Zeit wäre (wie uns die Geschichte beweist). Die Umlaufsicherung durch einen negativen Zins beseitigt zwar das Problem des Zinses, jedoch nicht das Problem der beliebigen Vermehrbarkeit dieses Geldes. Trotzdem sind die Artikel auf dieser Seite zum Teil interessant (selbiges gilt für www.inwo.de, der Homepage der Initiative für natürliche Wirtschaftsordnung e.V.)

- **www.freace.de** (deutsch)
  Nachrichten, die von den Massenmedien nicht präsentiert werden.

- **www.hartgeld.com** (deutsch)
  Finanz-Website von Walter K. Eichelburg aus Wien. Obwohl Herr Eichelburg ein streitbarer Geist ist und seine (radikalen) Aussagen meiner Einschätzung nach teilweise mit Vorsicht zu genießen sind, finden Sie auf dieser Homepage viele Informationen.

- **www.mises.de** (deutsch)
  Informationen zur Österreichischen Schule der Nationalökonomie.

- **http://de.liberty.li** (deutsch)
  Libertäres Online-Magazin des Wiener Volkswirtes Gregor Hochreiter.

- **www.effektenbank.de/perfarchive.html** (deutsch)
  Magazin der Berliner Effektenbank unter der Leitung von Claus Vogt.

- **www.allgemeine-gold.de/content/links/links.php** (deutsch)
  Umfangreiche Linksammlung der Allgemeinen Gold- und Silberscheideanstalt AG in der Goldstadt Pforzheim.

- **www.golddesk.ch** (deutsch)
  Schweizer Website für Investments im Edelmetallbereich.

- **www.rohstoff-welt.de** (deutsch)
  Im April 2007 lancierte Homepage der GoldSeiten.de-Mediengruppe über Edel-, Industrie- und Agrarrohstoffe sowie Energie und weitere Soft Commodities.

Die folgenden Linkhinweise betreffen englischsprachige Homepages:

- **www.321gold.com**
  Aktuelle Artikel, Essays und Reports über Edelmetalle und Rohstoffe.

- **www.gold-eagle.com/editorials.html**
  Ebenfalls aktuelle Artikel und Reports. Zumeist erscheinen dieselben Artikel wie auf 321gold.com.

- **www.financialsense.com**
  Portal von James (Jim) Puplava mit unglaublich vielen Links und aktuellen Nachrichten zu Edelmetallen.

- **www.butlerresearch.com/archive_free.html**
  Kostenlose Kolumne des amerikanischen Silberexperten Ted Butler.

- **www.safehaven.com**
  Artikel zum Thema Werterhaltung (»Preservation of capital«).

- **www.goldseek.com**
  Portal für Gold- und Silberaktien.

- **www.gata.org**
  Die Abkürzung »GATA« steht für »Gold Anti-Trust Action Committee«, einer Vereinigung von Menschen um die Amerikaner Bill Murphy und Chris Powell, mit dem Ziel, die Goldpreis-Manipulationen aufzudecken und zu beenden. Viele interessante Artikel.

- **www.investmentrarities.com**
  Die Firma Investment Rarities ist eigentlich ein reiner Edelmetallhändler, veröffentlicht auf ihren Seiten jedoch auch regelmäßig Kolumnen von Ted Butler, Jim Cook, Kurt Richebacher und anderen angesehen Marktbeobachter.

- **www.jsmineset.com**
  Homepage von Jim Sinclair mit täglichen Marktkommentaren.

- **www.dollarcollapse.com**
  Homepage von John Rubino, Co-Autor des Buches »Der Kollaps des Dollars«.

- **www.kitco.com**
  Edelmetallhändler, ebenfalls mit vielen aktuellen Artikeln.

- **www.nowandfutures.com**
  Amerikanische Investorengruppe, die zum Beispiel die M3-Zahlen des Dollars aus ihren Einzelkomponenten berechnet und publiziert. Viele weitere Informationen und Statistiken, die für Investoren wichtig sind.

- **www.gold.org**
  Webseite des World Gold Council, Vereinigung der Goldminenindustrie, um die Nachfrage nach Gold zu fördern. Viele Informationen in einer »Wissensdatenbank«.

- **www.silverinstitute.org**
  Vereinigung der Silberhersteller, Pendant zu www.gold.org.

- **www.silverstockreport.com**
  Homepage von Jason Hommel mit Informationen zu Silberminenaktien.

- **www.zealllc.com**
  Umfangreiche Artikelsammlung von Adam Hamilton.

- **www.goldsheetlinks.com**
  Umfangreiche Linksammlung.

- **www.lbma.org.uk**
  The London Bullion Market Association.

Kapitel 25
Newsletter und Börsenbriefe

Ich persönlich stehe Newslettern und Börsenbriefen immer etwas skeptisch gegenüber. Noch nie hatte ich einen Newsletter abonniert, mit dem ich wirklich und wiederholt Geld verdient habe. Zudem frage ich mich, warum die Herausgeber ihr Wissen weitergeben, wenn doch bekannt ist, daß man nur antizyklisch Geld verdienen kann und die Herde nur das bekommt, was die Herde eben verdient. Seien Sie sich also bewußt, daß Sie sich durch das Abonnieren eines Briefes immer bis zu einem gewissen Grad einer Herde anschliessen, also genau das tun, was man eigentlich sein lassen sollte. Ein Gesellschafter unserer Einkaufsgemeinschaft berichtete mir kürzlich auf einem unserer Stammtische von der 2007er-Messe »Invest« in Stuttgart, daß dort – bildlich gesprochen – ein Börsenbrief nach dem anderen einen Stand hatte und jeder mit seinen tollen Ergebnissen aus der Vergangenheit warb.

Leider muß ich diese ehrlichen Vorbemerkungen machen, da ich die nachfolgenden Newsletter und Börsenbriefe zumeist nur aus dem Internet oder vom Hörensagen kenne. Machen Sie sich also bitte Ihr eigenes Bild und lassen Sie sich nicht durch Lockrufe wie »180 % in den letzten sechs Monaten« vorschnell ködern.

- **Rohstoff-Spiegel**
  Auf seiner Homepage www.rohstoff-spiegel.de wirbt dieser Newsletter damit, mit über 16.000 Abonnenten nach nur neun Monaten am Markt bereits zur Pflichtlektüre im Rohstoffsektor zu gehören. Herausgeber ist Volker M. Riemer von der GoldSeiten.de-Mediengruppe. Ebenfalls im Angebot ist ein Musterdepot Mail-Service. Der Bezug aller Informationen ist kostenlos.

- **Blatt-Gold & Sammler**
  Die beiden Newsletter der Münchner Firma pro aurum berichten über Hintergründe zu den Bewegungen am Edelmetallmarkt

beziehungsweise bieten die neuesten Informationen zu Sammlermünzen. Anmeldungen unter http://www.proaurum.de/vcms/newsletter.php, der Bezug ist ebenfalls kostenlos.

- **Rohstoff-Report**
  Die Münchner BörseGo GmbH bietet unter der Internet-Adresse www.godmode-trader.de/newsletter/b2c/ gleich eine ganze Reihe von kostenlosen Newslettern an, unter anderem den »Rohstoff-Report«.

- **Bogen-Brief**
  Mit Hilfe der von Wolfgang Bogen entwickelten Fibonacci-Börsenzyklik werden Dow Jones, Dax und Gold analysiert. Der Brief erscheint wöchentlich und kostet 70 Euro pro Quartal oder 130 Euro je Halbjahr.
  Internet: www.bogen-gmbh.de

Die drei ältesten deutschsprachigen Börsenbriefe speziell zum Thema Edelmetalle und Minenaktien sind:

- **Gold & Money Intelligence**
  Diese seit 1979 erscheinende Publikation von Bruno Bandulet ist der älteste Goldbrief im deutschsprachigen Raum und kostet 190 Euro pro Jahr (10 Ausgaben). Informationen finden Sie unter www.bandulet.de und Referenz [4.15].

- **Der Goldbrief & Goldminen-Spiegel**
  Herausgeber ist der Österreicher Johann A. Saiger. Er ist ein sehr guter Redner und begeistert sein Publikum auf Messen und Seminaren immer wieder (und wird anschließend immer von vielen Leuten umringt, was – im Abstand betrachtet – immer amüsant zu erleben ist. Seine beiden bisherigen Internet-Adressen www.goldbrief.com und www.midas-invest.co.uk sind nicht mehr aktiv. Weitere Informationen finden sich daher nur unter Referenz [4.16] auf den goldseiten.de. Der Preis beträgt 200 Euro pro Jahr bei monatlichem Erscheinen.

- **Gold Markt**
  Diese 14tägige Publikation wird von Martin Siegel herausgegeben und erscheint ebenso wie der Goldbrief bereits seit 1988. Neben aktuellen Informationen zu den Edelmetallen beinhaltet dieser Brief auch kommentierte Schlagzeilen aus den Bereichen Politik und Wirtschaft sowie ein Musterdepot. Eine Jahresabo kostet 188 Euro [4.17].

Weitere Börsenbriefe zum allgemeinen Thema Rohstoffe:

- **Rohstoff- & Devisenbrief**
  Die platinum Finanzmedien Ltd. aus Berlin bietet einen Rohstoffbörsenbrief für 150 Euro pro Jahr an: www.berlinvestor.de/rohstoffbrief.htm.

- **Rohstoff Investor**
  Für satte 1.000 Euro pro Jahr kann man diesen Rohstoffbrief beim Investor Verlag, Bonn ordern: www.investor-verlag.de/produkte/ri/ (weitere Informationen unter Referenz [4.18]). Nicht weniger als 36 Börsenbriefe werden insgesamt von diesem Verlag angeboten, unter anderem auch die Publikation »Sicheres Geld«, für das seit letztem Jahr Claus Vogt von der Effektenbank Berlin schreibt (Kosten dieses Briefes 300 Euro p.a.).

- **Amanita-Börsenbrief**
  Der Wiener Manfred Zimmel ist seit 2000 hauptberuflich Börsenastrologe und verknüpft die Sterne mit den herkömmlichen Methoden wie Zyklentheorie, technische und Fundamentalanalyse. Neben Aktien bewertet er auch Edelmetalle und Rohstoffe wie Öl oder Körner. Ein Jahresabonnement kostet 339 Euro.

- **Investment Ideen**
  Börsenbrief des Vermögensverwalters Heiko Aschoff. Jahresentgelt 198 Euro. Informationen im Internet unter www.investment-ideen.de.

- **Rohstoff Trader**
  Aktuelle Prognosen für Edelmetalle und Rohstoffe:
  www.rohstoff-trader.de.

- **Commodity Stocks Investor**
  Dieser neue Börsenbrief der Börse Inside Verlag AG wirbt mit dem Slogan Europas führender Börsenbrief für Rohstoffe, Edelmetalle und Energiewerte zu sein: www.boerse-inside.de.

- **Smart Investor Weekly**
  Kostenloser E-Mail-Dienst des Börsenmagazines »Smart Investor«: www.smart-investor.de.

- **Rohstoff Signale**
  Zertifikate-Strategien des Volkswirtes Michael Vaupel. Ebenfalls eine 1.000-Euro-p.a.-Publikation des Investor Verlages, Bonn.

Englischsprachige Newsletter und Börsendienste im Kurzüberblick:

- Silver Stock Report: www.silverstockreport.com

- European Gold Centre: www.europeangoldcentre.com

- Value View Gold Report:
  http://home.earthlink.net/~nwschmidt/

- The Privateer Letter: www.the-privateer.com

- The Gold Discovery Letter: www.golddrivers.com

- The Bullion Buzz newsletter:
  www.bmsinc.ca/content/view/218/34/

- Natural Resource Investor & World Gold Stock Report:
  www.nrinvestor.com

- Gold Newsletter: www.goldnewsletter.com
- Gold Letter: www.goldletteronline.com
- Zeal Intelligence Newsletter: www.zealllc.com
- Gloom, Boom & Doom Report: www.gloomboomdoom.com
- Hat Trick Letter: www.goldenjackass.com
- Gold Stock Companion: www.caseyresearch.com/learnMore.php?pubId=7
- Money Matters: www.purusaxena.com
- Paul van Eeden Newsletter: www.paulvaneeden.com
- The Aden Forecast: www.adenforecast.com
- Clive Maund Reports: www.clivemaund.com
- Silver Investor: www.silver-investor.com
- Honest Money Gold & Silver Report: www.honestmoneyreport.com
- The Gold Report: www.theaureport.com

Kapitel 26
Konferenzen und Messen

In den vergangenen Jahren war gut zu beobachten, daß die Anzahl der Veranstaltungen im Bereich Edelmetalle und Rohstoffe zugenommen hat. Für den deutschsprachigen Raum kann ich die folgenden Empfehlungen aussprechen.

- **Edelmetall- & Rohstoffmesse**
  Diese zweitägige Messe fand bisher in den Jahren 2005 und 2006 im Münchner Olympiapark statt. Organisator und Veranstalter ist Frank Hoffmann von GoldSeiten.de. Aussteller sind Minengesellschaften, Fonds-Anbieter, Edelmetallhändler, Börsenbriefe und Verlage, Banken, Finanzdienstleister, Vermögensverwalter etc. Viele Fachvorträge von nationalen und internationalen Marktbeobachtern. Weitere Informationen finden Sie im Internet unter der Adresse www.edelmetallmesse.de. Den umfassendsten Überblick über aktuelle Seminare, Tagungen, Vorträge etc. finden Sie unter der Adresse www.goldseiten.de/content/seminare.

- **International Precious Metal and Commodities Convention (»Interpremeco«)**
  Richard Mayr von der Firma Argentuminvest GmbH veranstaltete im Herbst 2006 in München erstmalig die »International Precious Metals and Commodities Convention«, abgekürzt Interpremeco. Weitere Informationen unter www.interpremeco.com. Neben dieser Messe ist Herr Mayr ebenfalls Veranstalter von Workshops und Seminaren.

- **Rohstoffmesse Frankfurt / Stuttgart**
  Im Jahr 2006 fanden zwei Rohstoffmessen in Frankfurt statt, gefolgt von einer Rohstoffmesse im März 2007 in Stuttgart, die im Rahmen der Invest, Deutschlands größter Anlegermesse, eingegliedert war. Informationen finden Sie im Internet unter www.rohstoffmesse-frankfurt.de und www.messe-stuttgart.de/invest/.

Neben diesen Messen gibt es noch eine Fülle von Tagesseminaren oder Konferenzen, die zum Teil mit bekannten Rednern der Branche aufwarten, jedoch oftmals auch mehrere Hundert Euro Eintritt kosten. Es gibt aber auch einige »kleine Zirkel«, die nicht den wirtschaftlichen Aspekt im Vordergrund haben, sondern vornehmlich dem Wissenstransfer und der Aufklärung dienen sollen. Mit ein klein wenig Stolz darf ich anmerken, daß die Stammtische der Einkaufsgemeinschaft für Gold und Silber (www.goldsilber.org), die der Autor Jürgen Müller seit Anfang 2006 in Gerstetten (bei Ulm) organisiert [4.19], in dieser Hinsicht eine Vorreiterrolle in Deutschland einnehmen. Der Eintritt zu diesen Stammtischen ist stets kostenfrei, auch wenn Redner wie Dietmar Siebholz, Jürg Schatz oder Steffen Paulick von pro aurum anreisen.

Auf der Edelmetallmesse 2006 in München wurde mit der Deutschen Edelmetallgesellschaft [4.20] ein neuer Verein gegründet, der in seiner Satzung folgenden Vereinszweck angibt:
»Der Vereinszweck besteht in der breitenwirksamen und bundesweiten Förderung des Wissens um die nutzenstiftenden Eigenschaften von Edelmetallen.« [4.21]

Um diesen Zweck zu erreichen, wurden ebenfalls bereits mehrere kostenlose Stammtische in Bochum, München und Esslingen organisiert. Zwei weitere ähnliche Beispiele sind der Hartgeld-Club von Walter Eichelburg in Wien [4.22] oder der Hartgeld Club Nürnberg von Edwin Tafelmeier [4.23]. Ich kann Ihnen aus meiner Sicht den Besuch eines solchen Stammtisches oder Clubtreffens nur wärmstens empfehlen. Bei unseren Veranstaltungen sind in der Regel zirka 30 bis 50 Personen anwesend (je nach Bekanntheit der eingeladenen Referenten), was auch gezielte Einzelfragen oder offene Diskussionen ermöglicht.

Wenn auch Sie eine Veranstaltung zum Thema Edelmetalle organisieren möchten, würde ich mich freuen, eine E-Mail von Ihnen zu erhalten: juergen.mueller@goldsilber.org. Soweit es mein Terminplan zuläßt, stehe ich gerne kostenfrei als Referent zur Verfügung.

Nachwort

Ein übergeordneter Aufwärtstrend (»sekulärer Bullenmarkt«) wird von der Fachwelt zumeist in drei Phasen eingeteilt. In der ersten Phase sind nur die Insider – die wahren Kenner der Materie – in einem Markt investiert. Die große Masse der Anleger nimmt keine Notiz von diesem Markt. Genau dies war um die Jahrtausendwende der Fall, als viele Investoren gierig den New Economy Gurus folgten und alle .com's kauften, die der Kurszettel hergab. Gold und Silber auf der anderen Seite waren in einem 20jährigen Niedergang (Gold minus 86 %, Silber minus 96 %, siehe erster Teil dieses Buches), und niemand interessierte sich für diese langweilige Anlageklasse, diesem Relikt der Vergangenheit.
In der zweiten Phase eines Booms steigen dann die spekulativen Investoren ein, die die Kurssteigerungen realisiert haben und den Markt weiter nach oben treiben.
Sobald die Zeitung mit den vier großen Buchstaben auf ihrer Titelseite über Gold schreibt, wissen Sie, daß wir in der letzten Phase angekommen sind: der Spekulationsphase. Alle möglichen und unmöglichen Medien berichten nur noch über Gold und Silber, und Hänschen Schmidt und Lieschen Müller leihen sich Geld von ihrer Bank, um in Edelmetalle zu investieren. Diese letzte Phase wird dann erst die spektakulärsten Gewinne bringen. Nicht unbedingt für die Einsteiger in Phase 3, so doch sicherlich für diejenigen aus Phase 1 und 2.

Zumeist erfolgt auch vor der dritten Phase eine Art Bestrafungsaktion in Form einer heftigen Korrektur, um die »schwachen Hände« wieder aus dem Markt zu schütteln und die Bestände in die Arme der Insider zu treiben. Johann Saiger sagte einmal auf einer Konferenz in München, daß die richtigen Leute das Gold nur steigen lassen, wenn es in den richtigen Händen liegt. André Kostolany schlug in dieselbe Kerbe, als er meinte:
> *»Die Goldanleger müssen immer wieder bestraft werden, denn wenn diese Inflationsspekulanten überhand nehmen sollten, wäre das ganze System vom Zusammenbruch bedroht.«* [4.1]

Die Aktienmärkte in den 1980er und 1990er Jahren spiegeln diese dreigeteilte Zyklik sehr gut wider. Die Phasen 1 und 2 des Booms wurden durch den Crash im Oktober 1987 beendet, worauf die Phase 3 der wilden Spekulationen noch 13 Jahre dauern sollte.

Generell gesprochen ist die Medienpräsenz einer Anlageklasse also immer auch ein Gradmesser, wo wir in dieser Phaseneinteilung im Augenblick stehen. Viele Analysten vertreten die Meinung, daß wir derzeit erst am Beginn der zweiten Phase stehen dürften. Noch immer ist die Präsenz der edlen Metalle in den großen Massenmedien eher gering, so daß die größten Gewinne noch immer in der Zukunft liegen sollten.

Ich persönlich vertrete die Meinung, daß wir derzeit am Beginn einer noch nie dagewesenen Super-Hausse stehen könnten, die gut und gerne mehrere Jahrzehnte andauern kann. Nach den kommenden Staatsbankrotten in den Jahren »2010 plus X« werden die Menschen, wenn überhaupt, nur dann wieder eine Papierwährung akzeptieren, wenn diese mit einem physischen Wert hinterlegt sein wird, vermutlich Gold. Aufgrund der weiteren dynamischen Entwicklung der Weltbevölkerung, die leider noch für Jahrzehnte anhalten wird, ist abzusehen, daß dementsprechend auch die Nachfrage nach Gold und Silber dynamisch steigen wird.

Die nebenstehende Abbildung 4.1. zeigt die Berechnungen der Bevölkerungsabteilung der Vereinten Nationen. Die verschiedenen Varianten entstehen dadurch, daß die Wissenschaftler von verschiedenen Kinderzahlen pro Frau ausgehen. Würde die Entwicklung wie bisher weiterlaufen, würden im Jahr 2050 knapp 12 Milliarden Menschen auf unserer Erde leben (oberste gestrichelte Kurve). Selbst wenn die Kinderzahl pro Frau weltweit im Durchschnitt auf 1,54 fallen würde (das heißt auf ungefähr den Wert, den wir in Deutschland haben), würde die Weltbevölkerung immer noch von derzeit 6,7 auf dann 7,8 Milliarden gestiegen sein.

Die UN publiziert alle zwei Jahre eine Überarbeitung dieser Zahlen. Das Beunruhigende daran ist, daß selbst die UN diese Zahlen

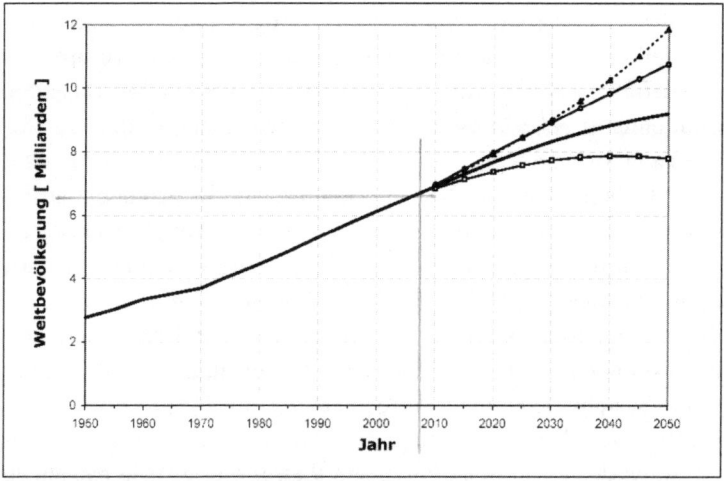

Abbildung 4.1.: Entwicklung der Weltbevölkerung, verschiedene Varianten
Quelle: United Nations, Population Division [4.2]

in den vergangenen Jahren tendenziell immer wieder nach oben revidieren mußte, wie der folgende Vergleich zwischen den Reporten 2002, 2004 und 2006 zeigt (alle Zahlen in Milliarden, Quellen [4.3]):

	2002	2004	2006
Konstantes Wachstum	12,8	11,7	11,9
Hohe Variante	10,6	10,6	10,8
Mittlere Variante	8,9	9,1	9,2
Niedrige Variante	7,4	7,7	7,8

Diese Zahlen untermauern die einfach Gleichung »mehr Menschen = mehr Gold«. Natürlich gilt dies nicht nur für Edelmetalle, sondern auch für alle anderen Rohstoffe, die uns unser Planet noch wird schenken können. Meiner Meinung nach bietet dieser Umstand in Zusammenhang mit der nahen geologischen Endlichkeit aller Metalle für den individuellen Investor die einfache Möglichkeit, Vermögen sicher und gewinnbringend anzulegen. Dem erfolgreichsten Anleger aller Zeiten, Warren Buffett [4.4], wird ja das Zitat zugeschrieben, daß man nie in etwas investieren soll, was man nicht verstehen würde. Ich bezweifle, daß nur wenige Hedgefond-Investoren heute wissen, was diese Leute (oder deren Computerprogramme) mit ihren Geldern anfangen, und daß nur wenige »Bullenmegaturboendlosquantozertifikate-Käufer« die Erläuterungen und Risikohinweise der Emittenten je gelesen haben. Was man jedoch relativ leicht verstehen kann, ist eine Schubkarre voller Silberbarren oder eine Palette Zink, Kupfer, Blei oder Nickel. »Keep it simple« lautet ein englisches Sprichwort – »halte es einfach«. Genau wie ein Staat durch seine umtriebigen Repräsentanten fortlaufend komplizierter wird (man ist ja nicht zum Nichtstun gewählt worden), wird auch das gesamte Finanzsystem immer komplizierter und undurchschaubarer. Physiker nennen dies im übrigen Entropie, die in einem abgeschlossenen System nie geringer werden kann. Umgangsprachliche Auslegung: Das Chaos beziehungsweise die Unordnung nimmt stetig zu. Auch der griechische Philosoph Platon schrieb, die natürliche Entwicklung von Regierungssystemen verlaufe von der Tyrannei über die Olichargie zur Demokratie, und daraus folge das Chaos, das zur Diktatur führt. Während China im Augenblick den Schritt von der kommunistischen Tyrannei zur Demokratie vollzieht, steht der demokratische Westen vor dem Chaos.

Meine simple Schlußfolgerung und Empfehlung, übertragen auf die Finanzwelt, lautet daher: Halten Sie Ihre Investments einfach!

Ich selbst habe am Beginn meiner poststudentischen Lebensphase, in der Geld übrig blieb, welches irgendwie angelegt werden wollte, viele Fehler begangen, viel Geld gewonnen und viel Geld verloren. Eine Schlußbilanz dieser Transaktionen habe ich allerdings nie aufgestellt. Die Gefahr eines negativen Gesamtergebnisses wollte ich meinem Wissen nun doch nicht zumuten. Ging oder geht es Ihnen vielleicht genauso, und haben Sie sich dieses Buch aus diesem Grund gekauft?

Quellenangaben

[4.1] Midas Goldbrief, Ausgabe 25.09.2006
[4.2] www.un.org/esa/population/unpop.htm
[4.3] www.un.org/esa/population/publications/wpp2006/wpp2006_highlights.pdf
www.un.org/esa/population/publications/WPP2004/2004Highlights_finalrevised.pdf
www.un.org/esa/population/publications/wpp2002/WPP2002_VOL_3.pdf
[4.4] http://de.wikipedia.org/wiki/Warren_Buffett
[4.5] G. Edward Griffin: »Die Kreatur von Jekyll Island«, Seite 41.
[4.6] ebenda, S. 213.
[4.7] www.nowandfutures.com/key_stats.html & www.geldmengen.de
[4.8] http://de.wikipedia.org/wiki/Ben_Bernanke
Offizielle Homepage an der Princeton University: www.princeton.edu/~bernanke/
[4.9] http://de.wikipedia.org/wiki/Bernard_A._Lietaer
[4.10] Bernard A. Lietaer: »Das Geld der Zukunft«, S. 124
[4.11] http://de.wikipedia.org/wiki/Terra_%28W%C3%A4hrungseinheit%29
[4.12] http://de.wikipedia.org/wiki/Murray_Rothbard
[4.13] http://de.wikipedia.org/wiki/%C3%96sterreichische_Schule
[4.14] www.mises.org/money.asp
[4.15] www.goldseiten.de/content/briefe/gm.php
[4.16] www.goldseiten.de/content/briefe/goldbrief.php
[4.17] www.goldhotline.de/html/goldmarkt.html sowie
www.goldseiten.de/content/briefe/goldmarkt.php
[4.18] www.commodity-investor.de
[4.19] www.goldsilber.org/stammtisch.html
[4.20] www.edelmetallgesellschaft.de
[4.21] www.edelmetallgesellschaft.org/index.php?content=satzung
[4.22] www.hartgeld.com/veranstaltungen.htm
[4.23] www.hgcn.de

Danksagung

Mein Dank gilt meinem Verleger Jochen Kopp für die Idee zu diesem Buch und meiner Lektorin Rose Rauch für das kritische und kompetente Lektorat des Manuskriptes.

Meiner Frau Beate danke ich für ihre Geduld beim Schreiben dieses Buches, für das Erstlektorat und für die in dieser Zeit nahezu alleinige Pflege unserer Kinder Simon und Sonja.

Ihnen danke ich, daß Sie dieses Buch gekauft haben und sich die Zeit nehmen, es zu lesen. Ich hoffe sehr, daß es Ihnen neue Gedanken und Handlungsperspektiven geben wird.

»Sie haben die Wahl zwischen der natürlichen Stabilität des Goldes und der Ehrlichkeit und Intelligenz der Politiker. Und mit dem Respekt für diese Herren rate ich Ihnen, solange das kapitalistische System besteht, das Gold zu wählen.«

George Bernard Shaw

Warum ein Staat nicht wollen kann, daß Sie wirtschaftlich unabhängig werden und was er tut, um dies zu verhindern

Statistiken zeigen, daß in Deutschland die Bürger mehr Zeit für den Kauf eines Autos oder einer Einbauküche aufwenden, als für die Planung ihrer eigenen Altersvorsorge. Sie vertrauen dabei bedingungslos dem Staat. Ein Fehler, der viele schon in naher Zukunft in Armut und Elend stürzen wird.

Jürgen Müller zeigt in diesem Buch eindrucksvoll, daß die heutigen Generationen den Schutz ihres Vermögens und ihrer Altersvorsorge selbst in die Hand nehmen müssen, um die kommende Weltwirtschaftskrise und eine neue Währungsreform unbeschadet zu überstehen. Die Edelmetalle Gold und Silber stellen hierfür die perfekte Lösung dar.

Im festen Glauben, daß wir derzeit wieder am Vorabend großer wirtschaftlicher Umbrüche stehen, wurde dieses Buch geschrieben. Es soll den Leser vor den Versprechungen der Politik und damit vor dem möglichen finanziellen Nichts bewahren.

Die Geschichte der staatlichen Finanzen ist eine Geschichte der Bankrotte. Sie reicht von der Antike bis in die Gegenwart. Die überbordende Staatsverschuldung und das Versagen der Politiker bilden stets den Auftakt zum Untergang einer Nation. Schon im 18. Jahrhundert wußte Voltaire: »Am Ende kehrt Papiergeld immer zu seinem inneren Wert zurück – null!« Gold und Silber dagegen sind frei von Versprechen Dritter. Sie stellen einen Wert dar, der seit Tausenden von Jahren unverändert besteht.

Jürgen Müller zeigt Ihnen hier, wie Ihr Vermögen und Ihre Altersvorsorge einen Staatsbankrott und eine Weltwirtschaftskrise unbeschadet überstehen. Diejenigen, die heute den goldenen Riecher beweisen, werden sich ihre finanzielle Freiheit verdienen.

gebunden
256 Seiten
zahlreiche Abbildungen
ISBN 978-3-938516-39-3
19.90 €

KOPP VERLAG
Pfeiferstraße 52
D–72108 Rottenburg
Telefon (0 74 72) 98 06 – 0
Telefax (0 74 72) 98 06 – 11
info@kopp-verlag.de
www.kopp-verlag.de